華志文化

華志文化

華志文化

華志文化

給予一種眞愛

兩個孤獨，一對寂寞

前言 Foreword

相愛容易、相處難

妳／你應該同意，我們正處在一個曠男怨女滿天下的年頭。晚婚、離婚、不婚，甚或已婚卻蕭索寂寞，這一令人「婚倒」的時代，總讓有心者乾著急、希望能有喚醒幸福婚姻意識的一刻。

「婚倒」了，於是各種形式的紅娘、月老，心焦熱切地想巧點鴛鴦譜，湊合孤伶的世間男女，終結彼此落寞寂寥的日子，成就鶼鰈情深的幸福美滿。然而，湊合兩個單身，未必換來一對快樂，只要貌合神離、同床異夢，個性不合，互不理解，就算孤獨男女結合了，仍是一對寂寞的人。沒有共鳴的兩個人湊在一塊兒就可能諸事不順，婚姻哀鳴，反惹得心靈傷痕累累。為什麼結婚容易、結合難？為什麼相愛容易、相處難？

我常想，愛情可比擬佛法，「學佛一年，佛在眼前、學佛兩年，佛在大殿、學佛三年，佛在天邊。」怎麼整日修佛學佛，越修越學，佛卻反而離自己越來越遠呢？其實並非越修越遠，佛還在心裡，只是領悟的層次深淺有別，一言蔽之，就是易學難精，非得皓首窮經、汲汲鑽研，才能日就月將，日有領略與增進。愛情也似此，當情緣初來乍到，兩人邂逅，天雷地火、情投意合、你情我願，很快就墜入情網，但當兩人結識日深，了解越多，初時的「美好」開始有了「不好」，誤解滋生、容得下的，就隱忍不發維持表相和諧；容忍不下的，就拌嘴爭執，嘔氣彆扭，甚至走向離異。

愛情專家總說：「因誤會而結合，因了解而分開」。其實並不盡然，若理解了心理學之後，就會發現，也許更多的情況是，「因了解而結合，因誤會而分開。」何以是因了解而結合呢？因為初時的認識不需深，知道的層面尚淺，儘管知道不多，卻能夠掌握初步理解對方的面貌，於是心甘情願地結合了；但反而是相處日久，彼此漸漸地現出了更多的自己，但掌握的理解力卻不夠，所以因誤會而分開了。

於是，不得愛情善終的世間男女不免喟嘆：「我本將心向明月，奈何明月照溝渠」、「落花有意而流水無情」、「鴻雁在雲魚在水，惆悵此情難寄」，千古詩句不就正說著：亙古以來的愛情多是一個世界，兩個迷離嗎？那不正是愚癡、不明究裡與猜不透、摸不著、糾結的諸多遺憾與慨歎，橫亙在兩性之間嗎？離散、怨懟、蒙昧、有緣無分、述不盡的可惜與憾恨，總放進了多數人愛情世界的萬花筒，儘管原本看似美麗璀璨、五光十色，但實際卻處在晦澀難懂，可望不可及的狹隘之境。

男女間的距離不是地理空間；而是心理空間，心理空間近，就無礙於千里遠距談情；但心理空間遠，即若近在咫尺，也似海角天涯、天各一方，形同陌路了。拉近兩人的心理距離，那像是鵲橋會，常困難得像須經年累月的蹉跎與等待，方換得一年一度的邂逅安排，才有巧遇的交會緣分。難道不是嗎？錯解的愛情要搭座緣分的鵲橋，可有多麼不容易，只要愛情男女就一定懂得情緣的難能與可貴。

倘若選擇天長地久作為愛情的結局，那麼理解彼此的心理狀況，掌握最深層次的心靈分析，就是通達幸福終點的入場券，也是搭起「愛情之橋」而非「愛情之牆」的兩頭的堅實連結，搭上後，就知道即若身無彩鳳雙飛翼，但能心有靈犀一點通了。而愛情不遇宛如晦暗不明的千年暗室，亦能從此一燈即明了。

愛情是天時地利，但更關鍵是人和，時間對了，人卻錯了，愛情就空了。人為何會錯？那是因為男人從理性出發、女性從感性起步，理性與感性，就是男性與女性，而殊途要同歸，就得拉近兩人心理距離，不二法門就是包容與理解換來共處的融洽。

就如，文明社會標榜 Lady First，一切紳士作風，女士優先。男人不服地說：「女男平等，女人沒有不同，男可當兵，女也能從軍，否則花木蘭故事是那兒來的？既然男女平等，為什麼要給女性差別優惠待遇？這豈非女男不平等，兩性不公平。」是的，說這話的男人其言可徵，然其行要更有智慧。我要對聰明男人說：

女人永遠是對的，哪怕她錯了！
男人會說，這豈非不明是非，縱容女性嗎？
但有智慧的男性不會這麼問。

相處往往無對無錯，因為相愛只貴在理解。
懂了女人，就是聰明男人，
偷對女人心，那是愛情的最美結局。

相對地，女權主義者喜談女男平等，凡男人會的，女性沒有做不到的，於是事事和男人別苗頭、爭出頭，這其實是弄擰了女權主義的內涵。女權主義是將過去的男性社會主導下的扭曲予以糾正，回歸常態，藉此可讓女性擁有發揮的場域，建立自信，擺脫依附屈從的人生價值觀，而不是只想著對抗、壓倒男性，那就破壞兩性和諧了。

世間男女常感嘆自己與愛情擦身而過，以為情深緣淺，生命的春天一直遲到，其實春天可能早已降臨身旁，只是自己遺忘了春天的氣息與迎接春天的心理準備。尋思、探索，並悟解每一處細微的自然跡象，或許就能驚喜發現上天早帶到你／妳 身邊的那個美麗春天！

季璐　寫於飛往北歐的漫長旅途中

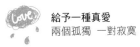

目錄
Contents

1 Chapter 愛情的真理邏輯

Chapter 2 愛的療癒

Chapter 3 愛在雲深處

4 Chapter 愛情不是佔有

5 Chapter 男人要懂女人心

Chapter 1
愛情的真理邏輯

01 愛情的那點道理

愛情有道理

每個人經常不乏一種經驗，那就是，你對某對男女的相愛或是結褵，心中會偶爾升起一絲的疑問。不純然是嫉妒或是惡評，而是直觀地認為好像這倆人就是不太搭軋，可能是美女配了野獸，可能是學歷高低落差懸殊，可能是年齡的差距、可能是兩人的氣質談吐，完全出自不同世界，竟然卻結合了。當然，愛情本身有各種成因，但是，我們仍不免因眼前的配偶，覺得百般不解。於是，不解後的我們就只能感嘆說出，愛情本來就沒什麼道理。

愛情傳說

有個關於愛情的古老傳說，據說在渾沌初始，男女本是一體，狀如一個完整的圓。

但卻因故犯了錯，造物者一刀將圓劈開，讓原本的兩性相容從此分了開來。於是，剖成兩半的彼此，終其一生都在尋找與自己這半可以無縫接軌、凹凸密合的另外一半，唯有尋求到分寸絲毫都密合無礙的對方，才能重組一個圓，從而有了真正的圓滿。

我不喜歡這個傳說一刀劈開的血腥，但我喜歡這個傳說的寓意，那就是，每個男女都有屬於和自己密合的另一半，另外一半即使尚未出現，也或許尋覓不易，但你要相信「另一半」一定存在。於是你／妳或許說：「季老師，這好難呀，要找到各方面與自己相融、無縫密合的另外半圓，很美呀，但會不會是神話呀，窮其一生大概都很難找到這樣的對象吧？要找到這麼完美的對象，可能都錯過婚姻的最適期了！」一次我在座談會時，有位年輕的女孩睜著水汪汪大眼這麼問我。

有機的圓

談這個美麗的傳說，總讓很多人腦海中先出現了一個完美的圓形，然後誤以為要將兩個不整齊的半圓接合，每一小處都要絲毫無礙才能成形，若將兩人的結合以圖像的圓為標準，那是多難的可能性？不是這樣的，這個美麗傳說被人誤會許久，我的解讀是，當我們不從圖畫的圓思考，而從「**有機體的圓**」思考，道理就通了。什麼意思呢？

不同於圖畫的圓，兩個人合組的圓是有生命的、有機的，是會成長的，就像被刀劈開時受了傷，可能有了缺口，但隨著時間會長出新的肉，原本看似無法密合的傷口就會重新痊癒，然後完好如初。同理，當我們尋覓另一半時，最重要的一處接點只要對了，例如，你可能最在意對方的才華，於是當對方具備這項特點時，其他特質的重要性就等而次之了，你或許說，其他地方也很重要呀，光靠一個特點結合並不穩固，是的，但這一特點讓兩人先結合了，其他的地方是有機的，乍看之下並不和諧，只是隨著溝通、相處、包容、理解，看似不和諧的地方就會慢慢的彼此尊重與相融，即若是異中存同、或同中存異，兩人一起成長，愛情就延續下去了。在兩人的世界裡，這就是一個完美的圓。所以**愛情是長成的，不是生成的。**

關於愛情

當我們看到並不搭軋的兩人，心中難免冒出些許疑問。但兩人因為某項特點而彼此吸引是外人不知的地方，而這項特點讓原本的分散，有了彼此相連，再經過歲月的洗滌、焠鍊出的相處智慧，彼此長成了相互吻合的樣貌，這就是「長成」的圓滿。不要不解美女為何配野獸？或許做個趣比，就像撒網捕魚，魚兒是被大網中的哪個網眼勾住不重要，重要的是，一勾住，魚兒就跟漁夫上岸回家了。愛情的連結，就是愛情發生的那點道理吧！

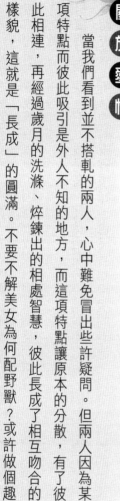

02 炫富與炫美

女人不渝的天性

我的叔母已屆七十，長年來她每每與人交談時，儘管聊的內容天南地北，但不知何故，她永遠會將話題扯到美與醜。「母親醜，孩子當然醜。」她的孩子都四十多了，既不醜且斯文，她說這話就是想聽到對方說：「妳哪裡會醜？」。「你覺得這幾個阿姨比起來，誰比較好看？」這幾個阿姨當然包括她本人在內。她不太買衣服，但有機會時，一定會問家人說：「我穿這樣好看嗎？」如果有菜販稱讚她的皮膚好，她就樂得跟家人分享，諸如此類不勝枚舉的情況，因為跟我叔母經常有見面機會，所以聽到美醜話題的頻率非常之高。

叔母醜嗎？一點也不。個兒高，且長相嫻熟，她從不化妝，因為節省慣了，少了化妝品的長期破壞，所以她的膚質很好，也沒有七十歲的老態。只是小時候的生活清苦，且受到兄姊的嚴重欺負，自幼就有不小的自卑情緒。她常將許多的不如意，莫名地歸咎於自己的長相。醜，就成了她一切的台階與藉口。

女人為什麼眷戀著初戀情人？尤其是嫁的伴侶是年輕一起走過的對象。倘若，有一天當兩人發生不可挽回的裂痕時，為什麼女方會不願意離婚。有人探討，有一種心理成因可能是，因為只有對方看過自己年輕時的貌美模樣。今天年華已經老去，但對方的記憶裡有通往自己年輕模樣的道路。即若自己仍有相當條件，但都會感覺新的對象也不曾看過自己的年輕樣貌，殊為可惜。

女人，真是愛美的，無論幾歲；女人，只要不順遂，很輕易就歸咎於外型的不討喜。美麗是無可取代的價值，對多數女性來說，是絕對的至高價值。

什麼才重要

「我最受不了每次和老婆出門，她總要花個一小時化妝，然後再花個半小時挑選衣服，並且每件試穿一遍，還得問我好不好看？」我的學員阿力一副莫可奈何的語氣，「我不知跟她說了多少遍，化妝多漂亮不重要，穿得多美也不重要，準時出門、快去快回才是重點。」我了解阿力認為的「重要」，但是阿力並不懂老婆、或是一般女性所認知的「重要」。

炫燿差別

我想到了曾讀過的人類學著作中提到，印地安部落有一種「**誇富宴**」。也就是部落的酋長會大擺宴席請客，這些酋長表現能力與地位的形式，除了獵奪戰利品的比較外，另外就是藉由宴席來展現財力。而展現的方法除了豐富的飲食外，另外還會焚燒自己的木造房舍，甚至將一些財物丟進大海，看焚毀丟棄的多寡，來彼此較勁比富。

偶爾會看到一些媒體報導的暴富第二代，也有燒錢的類似炫富行為，當然這是特例。但是男性表示權勢與能力的方式，就是炫耀財富，雖然程度有別；而女性則是炫耀美麗。在過去的歷史，女性多屬男性的附庸，甚至是財產，她們無法炫富、而是透過美麗的呈現贏得他人的肯定與好感。

男性面子

無論男人說多少次，都很難改變女人心理的炫美意識。所謂炫美意識，並非是「就愛漂亮」的負面膚淺意涵。而是，女人會覺得不夠漂亮的自己，無法給老公足夠的面子，尤其是當外出交際時。若老婆越在乎先生，她就會格外注意自己的美與好。而男人即若說破嘴，表示不在意妻子的美麗裝扮與否，但也很難動搖女性的行為心理。

關於愛情

女為悅己者容，女性的「炫美」可以這麼詮釋，儘管「悅己者」或許早已不在意女方的美麗。但無論時間經過多久，悅己者仍是女方裝扮心理的重要因素，即使打扮不是給悅己者看。男性要理解女方的打扮心理，不純然是「愛漂亮」的心理作祟，而是給予男性的一種尊重，尤其當男人在她心裡的份量越重，炫美的行為就越難罷休了。

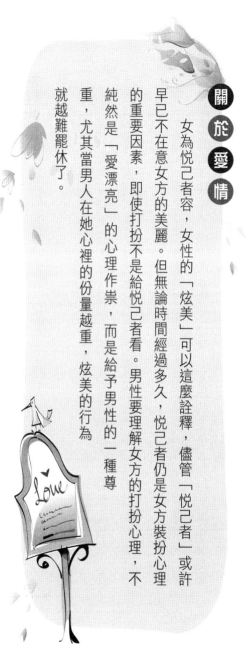

03

隱性背叛

兩性故事

有一對夫妻結褵二十年，鶼鰈情深，感情羨煞他人。身為教授的先生平日對妻子呵護備至，每逢生日、結婚週年慶，總不忘備份禮物給妻子一個驚喜。

有一天，當妻子正在家清理雜物時，突然接到一通電話，是警局打來通知先生出了嚴重車禍，人在醫院急救。緊張的妻子立即拋下工作奔赴醫院，但到醫院時，先生已經撒手人寰。妻子難過的嚎啕大哭。

懷著悲傷的情緒，料理完先生的後事，在回憶中度日的妻子陸續開始整理先生的遺物。無意間，在先生的書房的隱密角落，發現一個上了鎖的盒子，她好奇地找到鑰匙打開一看，發現裡面有著一大疊的信，以及照片。仔細一讀，竟然是先生與一位女學生互通的情書，而照片上的年輕女孩自然就是魚雁往返的對象。是情書，自然就是情話綿綿、情感豐沛，甚至免不了肉麻纏綿的詞句。這一發現，妻子突然如五雷轟頂，一陣暈眩，霎時間瞠目結舌百味雜陳。「怎麼會？怎麼可能？我們感情這麼好，他怎會背叛我呢？」一堆問號滿天飛舞，但不會再有答案了，因為人都走了……。

顯性與隱性

在諮商的過程裡，有時遇見的案例，未必是顯性的外遇，有許多其實是隱性的事例，甚至隱形到幾乎令另一半完全無感，等到事發時完全無法置信。是伴侶的隱藏技巧太高，還是自己對伴侶太過信賴，完全不疑有他？

故事中的妻子，事後逐漸慢慢地拼湊，似乎開始聯想到一些徵兆，丈夫總設定個時段，名為寫學術報告時，不讓她進屋打擾，但實際可能是「振筆疾『情』書」，好幾次妻子想要幫先生寄一些累積多封的信函，先生總是急忙地搶了過來，然後親暱地說「不敢勞煩太座大人」。在心理與行為的互動裡，這些看似細微的隱性，其實都是顯而易見的顯性。只是，輕忽了細節，就鑄成了大錯了。

關於愛情

背叛有很多種，也有不同的層次。教授先生依然對妻子友善且彼此恩愛，並沒有忽略妻子。但對妻子來說，被埋在鼓裡的憤怒，以及付出一片真情，卻是與他人分享老公的不平衡心理，都讓她很難釋懷。她深愛著老公，但，老公卻不只愛她一人，該記著他的好，還是不能忘記他的背叛，會是妻子日後交纏與矛盾的人生課程。但是，唯一的好處是，眼淚少了，不再哭泣了，她收拾起差點走不出的情緒，人生重新開始了！

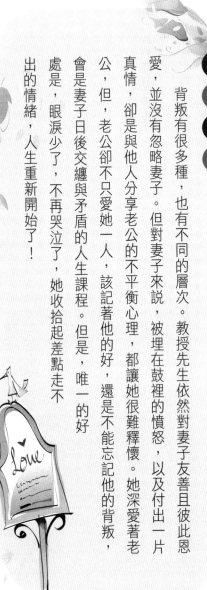

04

皮格馬利翁效應

相親活動

我的大學同學曉蕾，是位能力極佳、辦事精練的優秀女性。外型姣好，穿著得宜，從許多方面來看都該是男性勇於追求的對象。曉蕾在職場上的幹練從她對各項業務的合作案即表露無遺，儘管不是財經會計背景出身，但她總能很快地挑出合作的毛病，對金融數字有著天生的敏銳，使得她在外商公司如魚得水。只是，從大學交了男朋友後，近二十年雖然偶爾有過交往，但往往無疾而終。

從適婚年齡開始，曉蕾就在朋友的鼓勵下，開始了無數次的相親，每次同學會當朋友關心她的愛情近況，曉蕾總是嘆了口氣，然後述說著相親時的互動、趣聞，並且開始唸及相親對象的問題。曉蕾敏感且觀察精準，總能將對方的缺點很快洞察出來，有的初次見面就不再連絡，也有的則是出遊了幾次，就緊急喊停。曉蕾至今單身，我對她說，可能是「犀利」的挑剔，影響了她的姻緣。

理想性高

簡單說，曉蕾是理想性極高的人。再加上本身條件不差，敏銳的觀察，犀利的判斷，因此很容易就將對方的缺點放大成不可接受的問題。老覺得對方一定有某處不合自己的意。誠如，我常跟學員所說，當妳委屈想傾訴時，希望對方是個專注傾聽的好男人；當妳對人生疑惑時，希望另一半扮演導師，能開導啟發妳的矇瞶；當妳心情憂鬱不佳時，希望對方能是開心果，讓妳轉憂為喜、破涕為笑；當妳嚴肅專注時，希望另一半能進入妳的心情，不要嬉鬧搞笑。

妳希望的男生是心理醫師、智慧先知、喜劇諧星，以及神職人員的綜合體，若有這樣的對象，恭喜。但除了演戲需要之外，少有人能扮演這麼豐富且反差極大的各種角色。那怎麼辦才好呢？我的建議是，先尋找對方吸引自己的優點，並試著看缺點的嚴重性是否真如想像的高？有時候對方的缺點並不嚴重，從優點經營愛情，給予對方鼓勵，成功率就可能大幅提升。

愛的鼓勵

有則古希臘的神話，故事中的賽普勒斯國王名為皮格馬利翁。這位國王對一尊少女塑像非常心愛，竟然產生了愛慕之情，在每天親近並呼喚其名的情況下，雕像美女竟然受到感應，化成真人與皮格馬利翁相愛成雙。後人就引申真誠熱心所帶來的正面效益為「皮格馬利翁效應」。

皮格馬利翁效應〈Pygmalion Effect〉，也稱為「期待效應」或「羅森塔爾效應」，一九六八年時，美國的心理學家羅森．塔爾等人曾進行一項廣為引述的實驗。他們來到一所小學，遴選了一群學生，並將這群被認為有「優異潛力」的學生名單，交給了學校的老師。實際上，這份名單的學生並沒有經過特別的測試，只是羅森塔爾「謊稱告知」名單的學生具有不錯的可期性，試圖從此觀察，當對學生有不同認知與期待時，是否真會產生正面效益。

果然，幾個月後，再次測驗結果產生，名單的學生普遍表現提高，教師對其評語也有更正面的評價。一方面可能是學生自己受到鼓舞，認為自己確實不差，才會列名這份名單，而老師的預期心理，也使得學生產生了潛移默化的正面影響。這個實驗證明的是，如果我們對他人抱有較高期望與友善鼓勵的對待，經過一段時間，對方也會同樣感受到關懷和鼓勵，並且容易以正面友善的態度對待我們。這就是透過正面期望心理與行動，誘發出對方進步的表現。

關於愛情

愛情與教育有著精神的相似，當我們鼓勵多於批判，友善多於犀利，對方的缺點確實有改善的可能。教育界主張的循循善誘，在愛情世界一樣有其功用。想要經營一段渴欲的愛情，不能等待完美，而是要創造進步的可能。

我在上一冊著作中曾提到美國小說家湯姆．羅賓斯〈Tom Robbins〉有句經典名言，他說：**「我們總是浪費時間尋找完美愛人，而不是花時間創造完美的愛情。」**現成的完美情人，可遇不可求，枯候久等只會蹉跎青春，只能尋找最適合自己的人格特質，而無法面面俱到。愛情只能選擇較佳選項，然後用心經營。一再地尋求全方位的完美情人，只會給自己無盡的挫折感，延宕了美好的兩人世界。

05 愛情的重量

伊索寓言

伊索寓言中有一篇是《馱鹽的驢》。這則故事是說一位商人找了一隻驢子馱運貨物。驢子第一次馱的是鹽，鹽非常沉重。行到小河邊，驢子深感鹽巴的負荷沉重，步伐顯得蹣跚。河邊長滿了青苔，河邊路滑，腳步不穩的驢子不慎摔了一跤，滑跌到了河裡了。驢子好不容易爬了出來，卻驚喜地發現背上的鹽輕了許多。原來是鹽巴遇水溶化了。儘管商人因鹽巴短少而責怪驢子，但牠的負荷畢竟是輕了。這趟送貨之旅也就輕鬆了。

隔天，商人又牽著驢子運貨，而這次的貨是棉花，儘管棉花很輕，但是數量多揹起來還是沉重。驢子心想，前天可是入了水就變輕了，這次大不了如法炮製，當然要表現的自然些，以免被商人責罵。到了河邊，驢子裝腔作勢地驚叫了聲「哎喲」，就又落下水了。不理商人的見狀咒罵，驢子想就在水裡多待一會兒，棉花一定可以更輕了。豈料，等驢子站起來時，卻怎麼也站不起來了，因為吸了水的棉花，比原先重了不知多少倍了，爬不起來的驢子就被河水淹死了。

她是誰

一位女性因為和先生感情不睦已久，長期處在鬱悶與壓力的情緒下，滿腹的委曲無處訴說，從心理的角度來看，確實需要找個情緒的出口，否則躁鬱或憂鬱的症狀就可能產生。

一回，偶然機會認識了一個工人，工人長的體面，能言善道，談話輕鬆幽默，逗惹的這位女性笑聲不斷。這是好久沒有的心情解放，於是對工人甚具好感，工人也發現女性頗具姿色，且態度友善，尤其對他的笑話非常捧場，於是就多次私下邀約，當然出軌的事情就發生了。女性感覺找到了可以聊天、心靈共鳴的對象，在加上先生無法給予她心靈的慰藉，這個出口讓她特別珍惜，甚至認為這才是兩性的真正相處之道。兩人熱情發展迅速，女性開始拋家棄子，決意追求自己的幸福。

但工人發現女方感情越放越深時，開始躲避，並且時常避不見面。女方覺得納悶，怎麼以前隨傳隨到，現在屢屢找不到人。有一回突襲直奔工人家裡，發現他身旁有位女性，兩人狀甚親密。於是她勃然大怒，興師問罪。工人說話了，「這是我的女朋友，交往了三年了。」身旁女朋友指著女方問：「她是誰？」「她只是一位客人，要我幫忙修水電，不知怎地一直糾纏我？很煩。」工人說完，女方嚎啕大哭，愛情夢碎。

關於愛情

《馱鹽的驢》說的是，沒有一種模式適用並解決所有的問題。如果我們將這個寓言的河，想成是情海，而每個世間男女就彷彿是那隻負重的驢，懷抱著安渡彼岸的目的，但背負著愛情的重量，有的入了情海，輕鬆寫意、快活無比；但有的人進入情海卻不見輕鬆，反而更形沉重。

驢子馱負的重量因物而異，世間男女背負的愛情重量，因「人」而異，人，除了自己，也包括對方。當我們，也包含對方，**投入感情時，究竟投入的是一世情、一段情、還是一夜情？當愛情的投入重量不同，心靈的負重也就輕重有別了。**很多女性在遇到感情困擾時，總是埋怨男性不專情、心猿意馬、甚至只是玩玩的想法，而對珍惜緣分的女性來說，秉持的是「今生一照面，前世多少緣」，那是心情的出口與一生愛情的託付。這種心情絕對可以理解，只是，當對方只是露水姻緣、一夜貪歡的逢場作戲，他也會不理解，為什麼妳會將感情放的這麼重？就像故事裡的女方與工人，他可不要以一生換來一時的快樂。

任何的愛情想要兩情相悅、都要價值觀趨近，都需要一座天秤，左右平衡。如果妳同意這個說法，那就請在投入感情時，先掂掂彼此的分量！

06

妳會怎麼吃糖果？

身心錯亂

「每次親密關係後，我好像會變成另外一個人，怎麼覺得並不是很喜歡凱堂，但是又會一直想與凱堂有親密接觸。這是很奇怪的心理，我的身、心對凱堂的喜愛程度似乎是分離的，程度明顯不同。是不是我的心理出了什麼問題？」晴雯在一次上課中，詢問我這樣的問題。

晴雯和凱堂是男女朋友，但晴雯私下常覺得並不是很喜歡凱堂，只是又喜歡與他一起的親密感覺，所以才會出現這樣的疑問，懷疑自己是否心理認同感不夠，該和凱堂提出分手？

生理這麼說

女性經常會在靈與慾之間糾結，對自己的心態拿捏總是沒個準則，而陷入焦慮或自我質疑的心理狀況。而晴雯的問題，其實我們過去的認知會認為是女人心理貪著歡愉，根本是心態的問題。所以晴雯也陷入同樣的自疑。

然而，若根據醫學的研究，其解釋是，因為親密關係時，大腦會分泌多巴胺〈Dopamine〉，多巴胺是一種傳導物質，會讓人感覺愉悅，有滿足感受，令人神清氣爽，也與我們上癮的感覺有關；所以親密關係帶給我們的是一種美好感覺。

但是，就和飲食一樣，我們的生理會記憶著讓我們感受滿足與美好的事物，所以為了繼續地感到美好與滿足，就會持續想追逐這些「提供滿足與美好」的經驗與事物。

就如同，我們可能喜歡吃某類食物，因為這類食物帶給我們口腹的滿足感受，即使我們並不飢餓，但還是會刺激著我們去大快朵頤。多巴胺的「引誘」就類似於此。讓人不小心就耽溺在慾望的滿足與追求中，嚴重者就上了癮不可自拔。

雖然，這說法也是指貪念的作祟，但不同的是，研究提出的說法提供的是生理上的解釋，並不能完全歸因於心理層面的貪婪好色。近代，隨著各種研究的出爐，許多原本以為的心理問題，最後是從生理或醫學的角度有了全新的解釋。

關於愛情

歐洲曾有社會學家說過：「吃一顆不夠，吃兩顆剛好，吃三顆就太少。」這段話指的是，假如你喜歡吃糖果，只有一顆可吃，當然會覺得不夠，那麼就再多吃一顆吧，這樣也許就剛好了。可問題是，為什麼吃到三顆反而太少了呢？這就是社會學家的話中哲理了，目的即是道出人性的欲望，因為當吃下第三顆時，嗜吃糖果者的口腹之慾就會被撩撥起來，然後就一發不可收拾，一顆接著一顆地咀嚼吞嚥，好滿足無盡的食慾。

生理與心理的欲望都是難以掌控的巨獸，一旦過於巨大，就會反噬自己，受到傷害。過猶不及都不是好事，從糖果心理學，引為親密關係的提醒，即若是生理的原因解釋了貪歡，但人畢竟可以自我作主，拿回主導權的前提就是要戒貪懂自律，才不會反讓自己受控於不當的欲望，而失去理智的主宰了。

07

不解風情的倒頭大睡

倒頭就睡

「每次親密關係後，我老公立刻轉過身去呼呼大睡，每次都好想和他多聊聊，多溫存一下，但他就是不解風情，一轉身就睡得跟個死豬一樣，叫也叫不醒，真不浪漫，好無聊喔。」俐俐與幾個姐妹淘分享了她的閨房心情。

「我的先生也是呀，每次想跟他說個話，聊聊心事，他就說，好累，有事明天說！讓我一個人度過漫漫長夜，但我又睡不著，只能上網打發時間了。」恩如邊附和著俐俐，邊抱怨著自己的情況。

生理或心理

俐俐和恩如的老公，難道真是只重慾不重靈嗎？只有生理，而缺乏心理的呵護與關懷嗎？答案可能不是。

與上一篇一樣，在一些研究出爐之後，多少替這些被女性誤解的男性找到了辯說的台詞與理由。研究是說，在親密關係之後，大腦會產生一種化學物質讓男性充斥著睡意，於是在這種抵擋不住的化學物質催眠下，男性在濃濃睡意中就顧不得身旁伴侶的反應，在女方還留連於美好氣氛中時，不解風情的男性卻自顧自地呼呼大睡了起來。

我同時看到了另一份研究，則是顯示了女性的心理反應，剛好與此拿來作為兩性對照。美國的一份研究報告是說，在親密關係的時候，女人會產生大量的催產素〈Oxytocin〉。催產素會讓人有強烈的連結感，所以當女性與男性有了親密關係時，連結感會讓其想延續這樣的感覺，希望與伴侶更為親近；甚至會讓她們對男性產生更多的好感，即使對象或許並不是很優秀的男性，但此時都會像是優質情人、白馬王子，讓女性浸淫在美好的氛圍中。

這兩種研究剛好突顯了男女在親密關係之後的涇渭分明的反應。

關於愛情

這些研究的提出，試圖解釋了男性在親密關係後的反應，並非一定是刻意忽視伴侶，而是生理影響了心理，使得睡覺成了親密關係後上演的連續劇。但這些研究説法可做為參考，讓女性對伴侶多些體諒與理解，但反過來男性卻不宜以此為藉口，找出倒頭就睡的堂皇理由。

若能在這時候強忍些睡意，多和伴侶説説話，絕對可以為感情加分，聰明的男人應該要培養忍睡的功力。

08

男人弄錯的女人心

曬恩愛的後遺症

玉瑩在臉書上看到了姐妹淘好友菁菁貼上了和老公曬恩愛的照片。「曬恩愛」一詞是近來很流行的語彙，意指將兩人的恩愛互動高調曝光，公開讓人艷羨，有別於過去認為伴侶的感情互動是私密的行為，只是兩人世界的事情，至多是親近人士分享而已。但隨著網路的發達，微博、臉書等網路平台的盛行，許多人大方將自己的日常生活放在網路與人分享，昭告天下，彷彿是明星的空間，成為與網友分享討論的可能話題。

菁菁貼的照片是一張老公帶她去日本迪士尼樂園遊玩的畫面，畫面中老公幫她披上圍巾，側頭與她說話，顯然是問候她是否受得了冷冽的天氣。這張照片是同行友人拍攝的，捕捉到了老公噓寒問暖的恩愛瞬間。許多臉書網友紛紛按讚，嘉許羨慕夫妻情深。

原本一樁好事，但卻引來意料不到的後遺症。玉瑩看到好友的恩愛照除了按讚並留言稱許其老公的體貼以外，下了網，便對自己老公有點抱怨地說：「老公，你看菁菁的先生，都會帶她去迪士尼樂園，還這麼細心體貼地照顧她，你都沒帶我去過迪士尼，也沒幫我披過圍巾。」

玉瑩老公下班後一身疲累，一聽到這段針對性很強的話，立刻回說：「那妳嫁給她老公呀！莫名奇妙，我雖沒帶妳去過迪士尼，但是帶妳去過濟州島呀；沒披過圍巾，但是晚上妳喜歡踢被，我半夜起床都會幫妳蓋上，怕妳著涼。妳們女生就是愛比較，別人有的，自己沒有，就忌妒。」無疑，此時空氣中的氣氛霎時凝結，玉瑩一下子接不上話來，非常尷尬。那天晚上，兩人都沒再交談。看來都是曬恩愛惹的禍！

不是愛比較

玉瑩老公平日確實對她很好，也是少見的踏實優質男人，但是個性上比較耿直，浪漫指數偏低，所以一聽玉瑩的抱怨，立刻大剌剌、直言無諱地反應。

他認為女人就是愛比較，比名牌包包、比老公的浪漫、比孩子的優秀，什麼都能比，他直覺地批評玉瑩的說法是「愛比較」的心理作祟，尤其是玉瑩話中似乎隱含著貶低自己之意，說話就沒有好語氣了。

女人愛比較？可能對，可能錯。在玉瑩的案例裡，其實並不是愛比較的心理作祟，玉瑩絕對知道老公的好，以及平日對她付出的一切真誠。從心理學的分析來說，玉瑩不過是想找個話題和老公撒嬌，或是鬥鬥嘴增加互動，並不是漠視老公的表現，迪士尼與圍巾絕對不會是她貶低老公的證明。**男人不懂的是——女人有時候只是找個話題氣氣老公、損損老公，這麼做只是透過拌拌嘴，然後言語往來、打情罵俏，增添生活樂趣，讓感情增溫而已。**但男人常把女人的撒嬌，視為不成熟或幼稚的比較心理，於是話不投機下，反而破壞了氣氛與感情。

關於愛情

說穿了，男人的理性與女人的感性，只要相遇的時空不對，就會發生言語的爭端。當女人潛意識想撒個嬌，聽老公哄她兩句時，男人的理性卻不解風情，開始正經八百、義正嚴詞地進入理性思考，批評伴侶的觀念謬誤。但伴侶不是不懂，而是想創造話題、營造浪漫。但是角度不同，心態不同，就形成雞同鴨講、氣氛凍結的大煞風景了。這種情況若經常發生，久而久之，女性就不會想再撒嬌了，因為會自討沒趣，兩人關係就會從此埋下相敬如「冰」的因子了。要和女人聰明相處，其實男人只要常從感性面思考，就是事半功倍了。

09 女人的酸葡萄心理

美麗或聰明

一位華人知名作家曾經丟出過這麼一個問題：若要女人選擇，一個是美麗但不聰明；另一個是聰明但不美麗，女孩會選做哪一種？作家的答案認為，女人一定都會選前者，因為對女人來說，美麗是不可取代的特質。而一旦美麗不如人，是否就會不自覺產生酸葡萄心理呢？

通常，一位美麗女星過世時，報紙多會寫紅顏薄命。若問是男性還是女性相信紅顏薄命的說法？一般會發出類似感嘆，確實還是以女性居多。

感嘆的原因，多是出自於身為女人的同理心，認為貌美的女子竟然蒙此不幸遭遇，而紅顏薄命之說，儘管美麗與壽命毫無關係，但在解讀裡，總會認為上天給了女子美麗容顏，就會在另一方面剝奪她所擁有的，可能是愛情、可能是生命，哪種女性容易發出這樣感慨呢？有人說，相貌平凡的女性不時就會落入這樣的認知中。

酸葡萄心理

同情其不幸遭遇固然是內心的善良悲憫表現，但紅顏薄命之觀念，心理學的分析認為也可能來自潛意識裡的酸葡萄心理作祟。說這話的女性可能並不自覺，但假設若自己也是美女一族，恐怕比較不容易發此類似感慨。美女們不會自憐具有紅顏薄命的宿命觀，反而會極力辯駁美麗與壽命根本沒有必然關係性。

愛美是女人的天性，當身邊有美女朋友時，容易成為矚目的焦點，甚至會吸引男性的追求，而使長相平凡的自己受到相對冷落。而只要美女有了任何的負面消息，就可能讓相貌平平者找到讓其心理平衡的議論話題。忌妒的潛意識，也就是酸葡萄、見不得別人好的心理，就會油然而生，讓平常友善理性的自己變成了可能的幸災樂禍。

然而，無論是主觀有此認知，或是傳統觀念的影響，「紅顏薄命說」的心理分析，應該是擴及「酸葡萄心理」的不當觀念。這才真正屬於「喜歡比較」的負面心理作祟。當別人擁有了自己沒有的特質或是物質，不是出於讚美、反而是負面點評，找出缺陷，甚至嗤之以鼻認為「沒什麼了不起！」，都可能是酸葡萄心理發作了，原因就是：看到卻吃不到。

關於愛情

酸葡萄心理，當然男性也有。但是我認為女性本來就較具有包容、溫和、大我的人格特質，若是突然被這種酸葡萄給害了純樸友善的心靈，豈不可惜了。在愛情的世界裡，太多三角戀情的最後勝利者，就是那位不口出惡言、不挑對手毛病，反而以大器、慷慨、希望每個人好的溫暖特質者，贏得了最後的愛情幸福。女人何苦為難女人，女人何必忌妒女人呢？

葡萄很多，吃不到的，就放手，讓適合的人去吃，自己那份兒，總在別的地方可以尋獲，只要緣分足夠。

10

女人喜歡當最後一名

救贖的十字架

「春茹，妳是怎麼了？怎麼這麼執迷不悟呀？這種惡質男人，一天到晚在外面搞七拈三，又對妳惡言相向。妳的條件又不差，還怕找不到好男人嗎？我真是搞不懂妳在想什麼？」葛蕾是春茹的好姐妹，看到條件優秀的春茹竟然願意跟著一個花心、且情緒經常失控的劣質男人，著急著想曉以大義，勸她斬斷情絲。「蕾蕾，我知道妳的意思。但是他沒妳想的那麼壞，有時候他也會送我禮物，雖然情緒失控時很恐怖，我也很難過，但他事後會道歉，也會發現自己錯了。我相信他會越來越好，只是需要時間，我若離開他，他就不會走向正軌了。我希望能留在他身邊，幫著他往好的方面轉變。」「春茹呀，救贖的十字架需要妳來背嗎？會道歉？他道歉不下幾十次了吧？妳怎麼不清醒呀？唉！」

片尾曲

若身邊有這樣的女性朋友，總會令人不解為什麼面對這樣前科累累、素行不良的壞男人，女性卻願意陪他，包容他、甚至無條件的扶助他、即使是在對方情緒控管不良、甚或可能動手暴力相向的情況下。

默默守候、無怨無悔、全力支持，甚至有時是非不分，旁人驚訝的還包括，這女性的學歷可能還很高，有稱頭的職業與頭銜，但為什麼卻寧可委屈自己、和這樣形象不良的男性在一起呢？

從心理分析，有些女性會有一種心理是：**「我不能是這個男性生命中的第一個女人，但我希望是他生命中最後一個女人。」**這種心態透露的是，即使這個男人再花心、再素行不良，只要男人過盡千帆後，最後生命的伴侶是自己，那一切就都值得。「最後一名」情結，意謂的是，自己扮演的是男性最重要的人生伴侶，序曲、插曲都不是關鍵，重點在於片尾曲的主角是自己。

在心理學有個名詞是彌賽亞情結〈missianic complex〉，前本著作曾經介紹過，又稱為救世主情結。女性會不自覺扮演這樣的角色，以為自己是該名男性生命中唯一的救贖者。於是有了許多令人驚訝的容忍耐性，與超乎想像的包容行為。

有次座談會，我和觀眾說：「女人喜歡當男人的第一個女人，但是如果錯過了第一個女人的角色，就寧願當男人的最後一個女人。」因為這最後一個就象徵著安定、不再變動，而這符合女人喜歡穩定的天性，而最後一名更隱隱讓女人覺得，自己是情場上的最後勝利者。

在自由戀愛時代，在人際關係交往頻繁的年代，初戀很難是生命的愛情終曲。於是，想當「第一名」的女人並不容易，畢竟那除了主觀的意願，還要客觀環境的配合。於是，最後一名反而成了比較可以期待、機率較高的愛情選項。再加上女性的悲憫與柔軟，使得彌賽亞情節得以發揮的淋漓盡致，終致誤判了愛情的相處本質與對方的真實面目。第幾名已不重要，重要的是，在一起是否合適與快樂，過度委屈自己，只想拯救對方，是天真、甚至可能是自踏陷阱的愛情迷思。

11 為什麼茶裡、飯裡都是她？

眼裡的依戀

英文成語說，Beauty is in the eye of the beholder，多數人直接翻譯成「情人眼裡出西施」，而字面上直譯應是，「美與不美，全在觀者」。我請教過一位外籍朋友，她的說法是，這句英文和中文的情人眼裡出西施，不盡然吻合。

因為，「Beauty」不一定是指人，也可能是指某件事物。比較貼切的意思應是，美醜與否是很主觀的，全看個人的角度而定。

儘管這句英文的翻譯，不那麼貼合情人眼裡出西施，但是衍伸擴大解讀，一旦看上了眼、對了味，心就著了魔，尤其是愛情的對象。

無論是情人眼裡出西施，或是情人眼裡出潘安，當愛上一個人時，對周遭的事物視若無睹，漠不關心，天地之間，彷彿只剩妳和他。所以常有人形容，愛情就像一個迷宮，它讓走入的男男女女不得不困在情路之中無法脫身，當然這時候情意正濃，內心也不想出來。在這相看兩不厭的時期，愛情彷彿是「盲目」的，即使眼前站著一位條件與外貌都比你戀人好太多的人，但在你眼裡都會變得黯然失色，根本不會在意第三者的存在，這就是愛情的壟斷性。

專家印證

情人眼裡出西施的古老說法，已經在現代的心理實驗獲得印證。洛杉磯加利福尼亞大學的心理學教授馬爾蒂・哈塞爾頓和研究小組及約會交友網站的吉安・宮紮格研究觀察後認為，熱戀中的人確實出現對其他事物的了解與狀況變得比較遲鈍與不關心的現象，換言之，愛情使他們蒙蔽了自己的眼睛與感觀。

選擇性遺忘

這些接受觀察與實驗的對象，出現的徵兆是：在實驗中只記得與戀人之間的一切事情，卻不記得同時在他們周圍所發生過的事物，這並非是受測者的記憶上出現問題，因為他們在不知不覺中做了選擇性的記憶過濾，導致他們對其他事物感覺遲鈍。這項實驗是由對一百二十對感情穩定的大學生異性情侶所進行的研究結果得出。實驗提出了「**選擇性記憶**」的詮釋理論，但結論揭示的並非新鮮事，古人說：「茶裡、飯裡都是她，叫我如何不想她」，當焦點被佔據時，心理的重心就容不下別人了。甚至朝思暮想，輾轉反側，難以成眠。

關於愛情

本來，當心思專注在一件事上時，就很容易忽略其他周遭事兒，並不獨愛情世界如此。然而，值得提醒的是，愛情的重心一旦鎖定，固然是專情的愛意表現，**但重心等於重量**，當將過多的注意力放諸在對方身上時，就容易造成對方過多的壓力，反而不利於後續的愛情發展。

即若是情人眼裡出西施，**愛情重心只為他，但也要適度地給予對方與自己緩衝的自在空間，逼得太緊喘不過氣，絕非經營愛情之道，相處之福。**尤其，當專注於戀情時，也不要只看到對方的好，而忽略了對方的可能缺點，因為人的包容力畢竟有限，一旦熱度稍減、恢復理性來看此戀情時，可能就會無法適應對方的缺點與毛病，這時分手的命運就會開始啟動了。在濃情中，持平地理性面對與相處，西施才會從情人變成牽手一生的好伴侶。

12 感情的商業邏輯

小三的商業邏輯

報紙報導，「有位具備出色外型的美女，有自我謀生能力，同時不乏別人追求，卻願意屈就當一家大型企業年長董事長的地下情人。」我問學員可能的原因是什麼？「日久生情、兩情相悅」等回答都有，「商業交易啦」這是最多的臆測答案。

「什麼商業交易？」我問。女學員說，「兩人相差這麼多歲，兩情相悅的愛情成分不高，但從現實面考慮，男方有錢送豪宅、給名車，還有一張彷彿空白支票的信用金卡，不談道德感情層面，這交易划算呀！」「是呀，這女的挺漂亮的，假設從商品角度來說，美女是絕好的商品，可遇不可求，自然身價不菲。尤其一旦被富商看上，就飛上枝頭當鳳凰了。」「女的如果再生了兒子，身價就更高了。生兒子可是小三增加附加價值的好方法呢！」此話一出大家都笑了。

從學員的新聞解讀，無異是說，女孩是商品，美麗的女孩更是稀有商品，有錢的企業佬花錢買好商品天經地義，而女孩並沒錯，她靠自身條件謀得了更好的報酬，她懂得自我打扮，這像是自我投資，最後贏得了老板的青睞；她也不是只能隨年齡老去的貶值商品，而是可以透過生兒育女鞏固地位，再獲得分產機會的潛力增值商品。

桑德爾隱憂

哈佛大學廣受歡迎的「正義」論學者桑德爾〈Michael Sandel〉教授撰寫的書《錢買不到的東西》〈What Money Can’t Buy: The Moral Limits of Markets〉，恰好提供了上述問題的省思。

書中的觀念以及他授課提到的核心思辯就是，資本主義興盛後，即所謂的「**資本凱旋理論**」，市場金錢的觀念就宰制了人類社會。我們在不知不覺中將市場視為「中性」的機制，甚至習以為常認為市場本身的機制就是正當合理，儘管資本主義市場出現金融風暴、雷曼兄弟倒閉這些負面演進事件，但人們並沒有對資本主義本身有太多的譴責。市場形諸的價值已經形成我們既定的認知與權衡事物依據，但卻忽略了公義或正義所應扮演的角色。這是桑德爾教授的隱憂。

史上第一位授課課程被錄製成電視節目的名教授也提到，這種無所不買的資本現象，使過去不能買，有錢也買不到的事物，開始有了出售的機會。這其中就包括了婚姻與愛情。原因就是，以商業邏輯、物化的角度對愛情與婚姻進行了評價。

愛情麵包

妳或許會撇清地說：「我可不是這樣的人。愛情與麵包，怎麼說都得先有愛情後有麵包，再多的錢，沒有感情基礎怎麼能在一起呢？」但再仔細想想，儘管妳認同感情與婚姻皆非交易，不能以金錢衡量，不過，想想看有多少現代的男女結合考慮到「在一起會有多少好處？例如獲得多少嫁妝、例如什麼豪華等級的婚禮、這個男人可以給我多大的未來保障？又或者當不幸要離婚時，該怎麼打官司，好得到最多的贍養費？」就像很多好萊塢明星或是國際企業家，在結婚前得簽好協議，以免日後仳離，財產的歸屬會衍生爭議。當出發點必須佐以金錢衡量時，我們的心與愛就無形中被「收買」了。

「妳可能還會說，物質與金錢本來就是基本的生存條件，再怎麼美好的愛情與婚姻，怎能拋棄無視於金錢的因素呢？」所言甚是。

但是，這世界就是有東西是金錢買不到的，不僅是因為抽象的事物，而更是某種美好的價值、理念、乃至於精神根本不該以金錢衡量。是迂腐嗎？不是的。我曾經讀過一本書，裡面有句話我將之抄錄在筆記本中，這句話是**「一個人可以賤賣掉他的正直，卻沒法用全世界的財富再買回來。」**正直，也可以改為愛情、親情等等無形價值的美德。商品化的思考，看似有價，其實一有了價錢反而就是賤價了。愛情與婚姻的哲學尤其要謹慎拿捏，究竟妳總放在商業的邏輯中估價，抑或是視為「非賣品」妥善珍藏？答案，關乎著妳的愛情心路。

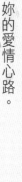

13 一人多次Vs一次多人

外遇的真心話

如果詢問外遇者或是分手伴侶的理由，最常見的說法應該是：「觀念歧異，彼此不合適」。這或許是心底話，也可能是藉口，心裡的潛台詞或許其實是：「我受不了刺激與誘惑、我移情別戀了。」新人笑了，搞不清原因的舊人不僅哭了，也迷惑了。外遇與分手的理由林林總總，在自由的時代，並不足奇。就有順口溜說：「大千世界，男歡女愛，俗士無知，大驚小怪。」在婚姻忠誠度直線下降的年代，分手與外遇當然不值得奇怪，但微妙的是，兩性外遇若以「觀念歧異」作為常見說法，就值得省思了。

心理的弔詭

美國有位知名的女性新聞工作者、同時也是作家的 Mignon McLaughlin（一九一三～一九八三〉說過很多智慧雋語，其中一句名言是：「**如果你替任何一對夫婦列下為何結婚的理由，同時列下為何他們卻要離婚的理由，你將會得到驚人的重疊性。**」那些當年期盼愛河永浴、永結秦晉之好，愛的死去活來的理由，現在成了互相傷害、攻訐彼此的最佳藉口，是當初的誤解今日才醒？還是當時心為真、言為切，但而今卻別有用心地作為分手反目的託辭？

婚姻哲學

同樣是 Mignon McLaughlin 說過的名言：「**一段成功的婚姻需要陷入戀愛很多次，並且要一直和同一個人。**」〈"A successful marriage requires falling in love many times, always with the same person."〉而多數婚姻與愛情不得善終的人，或許是「很多段短暫成功的婚姻，但是始終和不同的人。」我們可能忘了，愛情需要不斷滋潤與經營，但卻常誤以為結婚或是在一起，就是感情高度與濃度的定點。其實不然，愛情的熱度不會像電影絕美畫面的定格，可以常駐逾恆、永垂不朽。

多數的外遇者，在與伴侶感情轉趨平淡穩定之後，下意識地認為兩人就這麼過下去了，愛情世界不再有激情與驚喜，所以，無論是主動或被動的不耐寂寞者，便容易藉著偷情追求生活的變化與刺激；甚或全然不念舊情，堂而皇之展開新戀情。喜新厭舊，只是這類外遇者淺層次的自我認知，深一層次來說，是惰性行為導致了愛情苦果。任何只要惰於長期經營與呵護，總想從新人中尋找戀情，其結果往往一如過往，也是失敗作終。三分鐘的熱戀，不可能持續太久，這是很多外遇者何以戀情多段，卻總不得善終的原因。

關於愛情

追求齊人之福、追求「妻不如妾、妾不如偷、偷不如偷不著」的中國式外遇哲學，讓外遇成為了男性追求享樂的不同層次，也說明了男性出軌心理的誘發性強弱之別。婚姻是契約，但當然不是不能中止的契約，如果真的兩人走不下去，長痛不如短痛，和平分手絕對有其必要。但誘惑的可欲，刺激的撩撥，使得一樁美好婚姻或感情受到傷害，那這樣的離異，就不是靈的清醒，而是欲的沉淪了。

作家王藍名著《藍與黑》裡開頭的名句是：「一個人，一生只戀愛一次，是幸福的。不幸，我剛剛比一次多了一次。」外遇者「每次都很專情」的說法常常是個謬論，那是替當下愛情的巧辯，當下能否成為永恆，關鍵正在於感情是否長期經營，是否試著和當年無悔選擇的伴侶戀愛幾次？有了這樣的念頭，就不致輕言別離，也能彼此多有反省了。

Mignon McLaughlin的婚姻雋語，為一人多次Vs一次多人，替我們列出了經營婚戀的最佳選項。

14 女主角擇偶相對論

三角習題

有齣偶像劇，內容是關於兩男一女的感情糾葛故事。第一個男生是追求女方很勤快的財經界金童，另一位則是在其身邊默默守候長達十年的男性朋友。當新戲宣傳時，女主角被詢問：「倘若現實生活遇到類似情況，會如何選擇？」女主角笑著說：「還真的很難選，如果現實生活中遇到任何一位，女生應該都會感動，但想遠一點，如果男生曾經花心，但下定決心認真面對愛情，另一位沒有戀愛經驗，反而不容易抵擋外界的誘惑。」這段回答，顯然意指，當花心風流的男人「玩累了」，只要開始認真定下來，依然比沒愛情經驗的乖乖男，來得更具吸引力。女明星的擇偶答案已經很清楚了。

女人想什麼

有一句廣為熟知的話，「男人不壞，女人不愛」。帶有點「壞壞」感覺的男人，好像很容易吸引女性的注意。乖乖男常不解，為什麼自己的好不受青睞？

我的一位女性朋友，小學高年級時就出落的標緻動人，頗有兒童版的林青霞味道。我記得，升上高年級後的第一學期，她三次月考都拿第一名。功課好，人又漂亮，自然很多男同學喜歡。升上中學後，她的功課依然不錯，送情書的男同學就更多了。每到放假，好多男同學都會試著以各種名義約她外出，當然包括很多功課很好的男同學。家教甚嚴的她，原先都一律拒絕。有一回，她竟然瞞著父母同意接受邀約。

但此約既非是看電影之類的靜態活動，而且對象也不是品學兼優的斯文男生。她是答應了一位男生去別人的菜園裡偷摘番薯，然後再到曠地烤番薯吃。

事後，知情的我們都甚感驚訝，一方面是她竟然違背乖乖牌的形象，願意去摘別人菜園的番薯，而更令我們驚訝的是，邀約她的男生是個好玩的男生，完全不愛唸書，怎麼樣都很難聯想她應允赴約的對象，竟然是這樣的對象。

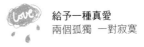

清澀的懵懂成長時期，乖乖女與壞壞男出遊也不值得大驚小怪。但是，我相信的是「由小看大」，即若是青少女時期的選擇，都有一定的心理趨向。乖乖女的日子循規蹈矩太久，需要不同的元素與變化，於是，她選擇偷渡約會的對象以及內容，就很清楚了。事後，當年一樣是青少女的我好奇地問過她：「怎麼會跟這傢伙出去做壞事呀？」她眨著靈動的雙眼看著我說：「其他男生都約我去看電影或是圖書館聊天，好無聊喔！」好無聊，嗯，就是答案了。

所謂「壞壞的感覺」不是指道德上的重大瑕疵，或是某種犯罪行為，而是一種好像不受框架、不受到道德拘束的行為模式，這容易讓乖巧的女性彷彿看到了一個不同的新世界，新境就容易吸引心境，而進一步地認為，與這樣的人在一起充滿各種想像、冒險、新奇，探索的心理、玩樂的欲望，就容易被撩撥而起。

關於愛情

每個女性都會希望身邊有個默默守候的男人，既像愛人又像朋友。但當面臨愛情抉擇時，確實壞壞男不時會打敗乖乖男。不是後者不如前者，而是做出抉擇的女性，發現了壞壞男身上的吸引特質。而一旦做出抉擇後，就會開始發揮女性擅長扮演的支持角色，開始替其行為合理化、美化，事實上只是替自己找到接受壞壞男的理由，否則壞壞男是否真的玩累了，也得要好長時間以後才能印證，但未來的事情誰說得準呢？女主角說「想遠一點」，但也可能想得太遠了。

每一場愛情，都是選擇後的結果自嚐，無從預期孰優孰劣，因為婚姻本來就是一場冒險，壞男可能從良，乖男可能變壞，愛情的大冒險只能多做分析，但萬無一失的期盼，也只有童話故事才有了。

15 有愛無礙

愛的出題

珮雯在好友的勸說下，終於心不甘情不願地去相親了。珮雯三十五歲，是個孝順的好女孩，但大齡未婚的她，讓身旁的朋友急著協助尋覓對象。只是珮雯怕和陌生人談話，保守且有些自閉。當別人和她說起相親對象的各項條件時，她總會提出很多的批評，她常對著朋友拿來的男方相片，然後對友人說：「還是算了吧，我對這人好像沒什麼感覺，見了面也不知說什麼，太尷尬了。一定相對無言，謝謝你的好意介紹，我還是放棄了。」

這次終於被幾位朋友連哄帶騙，在佩雯半推半就下，她終於出門相親了。其實，沒有一個人看好相親會成功，包括珮雯自己。出門前，她緊張地問了好友該怎麼因應。朋友說：「珮雯，妳怕尷尬，對方也一樣會怕。所以，妳就把對方當作是認識的朋友，然後見面就先問候，並且陸續丟出十個問題作為聊天話題，包括對方的興趣、對人生的觀念等各種軟性與硬性題材，接著，妳問的問題，也自我作答，好像對方反問了妳，一來一往，就形同有二十道聊天話題了。如果，二十道題目結束，妳覺得聊不下去，就起身向他道別吧！」出門前珮雯真列了十道題目，彷彿考試前的準備。結果，出乎所有朋友的意料，兩人相談愉快，雖尚未結婚，已經開始約會了。

假戲真做

英國哈特福大學〈University of Hartford〉的華滋曼〈Waltzman〉教授，做過一項實驗。他讓初次見面的男女舉行一對一的聯誼。並且指示其中一組男女，努力演出彷彿已經愛上對方的戲碼，這組人便以握手、深情凝視、傾訴衷腸、耳邊細語等方式和對方互動。事後統計，接受指示者，有百分之四十五的人表達了事後還想和對方繼續約會的意願；而沒有表現陷入情網者，只有百分之二十的人願意繼續約會。

這是心理暗示造成假戲真做，還是先讓自己投入，久了就會愛上呢？都有可能。人的心理本來就是很複雜的。但我傾向認為是後者，想到小時候，父親逼我學鋼琴，其實心裡是想逃避的，因為要坐在椅子上兩個小時，對活潑好動的小孩可不是件容易的事情。但父親說，彈琴很好玩、學琴的女孩最有氣質最漂亮，幾句迷湯一灌，就試著說服自己接受。時間一久，還發現真愛上了彈琴，也奠下日後我對音樂的愛好。

人很容易對不熟悉的陌生感有排斥，會找出拒絕的理由，但強迫自己試著接受後，也多能發現其實並不如當初想像的厭惡與排斥，甚至益發覺得可愛。就像聯誼中的男女，先假設自己愛上對方，這時就會敞開心胸，願意更投入在彼此的交流中，繼之可能發現了對方更多的可取與可愛之處，在好印象的加分下，自然就有了下次約會的意願。

關於愛情

我常想到老一輩的愛情，許多是在媒妁之言的媒合下而完成，且經常都是未曾謀面。但相親結緣後，卻能老夫老妻相處一生，為什麼他們甘願冒一生的風險呢？其實應該說，他們先接受了對方不差的想法，也給了自己一個往下發展的機會，所以甘心投入，隨著時間的洗滌，益發磨合了兩人的相處稜角，進而越來越融洽與依賴了。

這個實驗可以給愛情什麼啟示呢？我想就是，不要先有先入為主的刻板印象，多進一步理解對方的好，**有的人像鑽石，乍看就如明星璀璨耀眼，但也有人如美酒，好酒沉甕底，喝到最後一口才覺回甘。**太早的定論，都可能扼殺生命的愛情，這是愛情尋覓的重要哲學。

Chapter 2
愛的療癒

01 女人三欺

墳上鮮花

外界有一錯誤的印象，認為低學歷或是貧困出身的男人，較容易因為性格成熟度不足或是經濟困頓的生活怨懟，就將不滿發洩在妻子身上，造成家暴的不幸事件。

其實不然，從許多的社會案例統計發現，許多高學歷且經濟優渥的男性反而有主導伴侶的心理優勢，可能在優越感作祟下，只要不滿或是遇到不如意，就動輒對妻子辱罵或動手毆打。而嫁入富裕人家的女性，往往在家族的集體壓力下，不得聲張，選擇了將眼淚往肚裡吞。

有時家暴男性事後會反悔，然後情緒正常時，良心發現，便可能買束鮮花向伴侶認錯誠心道歉；只是，伴侶原諒之後，沒多久就會故態復萌，於是又再一次次上演「眼淚換鮮花」的肥皂戲碼。只是，暴力不止的結果，最後的一束花可能就是放在伴侶的墳前了。因為，許多家暴最後往往因失控造成女方失去生命。

心理陷阱

從心理的分析上，我會說，**女人經常在愛情世界裡的三種處境是：自欺、欺人、被人欺**。或許妳說，男性也沒有好到哪裡去。的確，差別在於，女性的程度與頻率可能高些。從家暴案件頻傳來說，女性在婚前擇偶，一個不慎就會被有暴力傾向，但卻外在條件優越的男性給蒙蔽。

實際上，暴力的行為往往在婚前就有徵兆或前例，只是女性選擇了「正面思考」，從而錯失了緊急煞車的機會，這就是一種自欺；而婚後的隱忍、或是自我催眠的為對方找藉口，例如一定是他工作不順心，壓力大，所以一時失控才動手，終於使自己一再受到暴力相向，不斷被人欺；然後，在礙於顏面、粉飾太平的心理下，不願對外吐露實情，反而欺騙他人，謊稱自己過的幸福美滿，這就是欺人。這是我歸結女性在面對不幸時，常犯的三種心理盲點，走不出盲點，錯了的愛情就沒有改正的機會了，實在太可惜了。

性格的優劣無關乎經濟與學歷，許多高學歷、高社會地位的男性，反而潛藏著許多人性的嚴重缺失，但迷人的外在條件，常讓女人忽略了面具背後的真面目。關鍵是，倘若真不幸遇到了恐怖情人，千萬不要以為原諒可以糾正對方的惡行。沒有任何一個人可以對另一個人施暴，絕不能允許自己受到生命的威脅。

有些家暴男性的性格缺陷極為嚴重，在情緒失控時，完全無法自制與自律，這時若不借助他律的外力介入，如法律或是警察的人身安全保護，惡行是很難根治的。寬容不等於縱容，原諒多了只會讓對方變本加厲，愛之適足害之，尋求外援才是對彼此真正有益的協助。

當然首要的是，切莫陷入三歎的心理盲點，錯誤的愛情選擇，一定要即時更正。

02 假面情人

帶球結婚

學員小安有天拿著報紙，指著一篇新聞說：「報上寫，有位婦女在婚前就已經懷孕，但孩子是前男友的，她以帶球的方式嫁給了現任老公。老公不知孩子是他人的種，一直視若己出。後來，發現妻子與前男友藕斷絲連，然後得知孩子不是自己時，情緒大受打擊，最後在無法接受現實下，訴請離婚，但對孩子卻有一種很錯綜複雜的感覺。畢竟喊『爸』喊了十幾年，感情斷難輕易割捨，但替別的男人養了十多年的孩子，真是情何以堪？」

「這女人也太可惡了，明明知道自己懷了別人的孩子，卻趕緊找個人結婚幫忙撫養，想遮掩一切。季老師，這女人是什麼心理呢？」

愛情與麵包

這當然是可議的作法，也絕對不可取，甚至有犯法的問題。這個案例可以突顯出的一種心理是，有的女人在感情上，願意為情郎生孩子，作為示愛的表現；但她的理性有時候會從現實面思考，情郎還年輕，工作不穩，或是根本是個情場浪子，絕對不會願意負起責任的。於是，從經濟安全的角度，她會願意找個鐵飯碗委身下嫁，但愛的結晶則是愛情的見證。

是的，這無異於詐欺的惡行，只是從心裡分析上來看，女人會將感性與理性切割的很清楚，只是本篇案例是個極為負面的惡例。一般來說，確實有些女性在感情上心儀的是另外一人，但結婚時考慮就多了，尤其是經濟因素會成為很重要的關鍵。而廣義來說，不僅是案例中結婚後的對比，甚至有些女性在婚前的交往就會有類似的行為，美其名是單身該多交往，多選擇，好挑選最適對象；但企圖不良者則居心叵測，根本是遊走不同優勢的男性之中，甚至讓男性還抱著期望，但實際上只是將對方當做提款機，以提升生活物質上的滿足。

我們常以為女性是愛情勝過麵包，在比例上或許女性確實較男性重感情，但不表示，女性會完全忽略經濟的關鍵性，無論是交友或成家。

關於愛情

最令人傷心的是，自己付出了一切的愛與努力，這才發現伴侶愛的不是自己，只是把自己當作生活的安全避風港，面對表裡不一的假面情人，心碎的，不是金錢的流失，而是一片真情的錯付與落空。**真心對假面，是最遺憾的愛情相遇**，但假面情人即若做得再天衣無縫，依然是有跡可循，愛情絕對需要付出，但是不能不做個明眼人，明察秋毫，細心檢驗，既為自己的幸福，也為蒙在鼓裡的孩子心靈健康著想。

03

輪椅上的先生

故事一

醫院的安靜角落突然一聲大吼，一位老嫗對著輪椅上的老翁大聲斥罵。老翁顯然不良於行，甚至是中風，旁人紛紛勸著老嫗說：「有話好好說，畢竟是病人。」還有旁人指責老嫗說：「你怎麼動手打病人呢？」原來在斥罵之前，老嫗還打了輪椅上的老翁一巴掌，老翁的臉因此側向一邊，雙眼無神呆滯，這時老嫗邊罵邊將老人不聽使喚的腳移回輪椅的踏墊。

見眾人你一言我一語的指責，原本低著頭幫老翁整理褲管的她，抬起頭說話了：「你們外人不知道，我先生在外面風流，尋花問柳，現在中風了才回家想到我。我等了十幾年，等到的是一個殘廢的先生。現在也只剩我照顧他了。」巴掌、責罵，老嫗心中積怨多年，但最後的守候者還是她。

故事二

二〇一二年，台灣一家媒體披露了一則新聞。嫁來台灣的張姓大陸配偶，因為照顧癱瘓的九十二歲丈夫，不離不棄的真情感動了周邊的人士。丈夫的原籍是山東，十九年前透過仲介，結識同屬山東、喪偶的張愛華。張姓配偶說：「『老頭』告訴我，來台灣，帶妳去玩！」年已七十八歲的她回憶著當年的景象，雖然沒有浪漫戀愛及求婚，只有這麼一句承諾，但覺得「老來要有伴」，所以就來台灣了。先生在台沒有置產，生活就靠每月一萬多元養老金。剛到台灣時，兩人在淡水租屋，住在不到十坪的陋室，床鋪在泥土地上，儉約到連枕頭都沒有。儘管生活不寬裕，結婚近二十年，張姓配偶說，先生對她很好，唯一一次發脾氣，是因燒熱水時開水溢出，她關瓦斯時燙傷，先生大發雷霆，但她心裡明白，「他心疼我被燙傷」。

而折磨人的是，兩人新婚不到三個半月，先生發生車禍，左腳動三次手術後，不得已截肢，只剩一節左大腿。當時她跪著對醫生哀求，希望保住丈夫的腳，讓先生完成「帶她遊台灣，再回山東定居」的諾言。這場車禍，讓「老倆口」生活更艱辛，先生截肢後，高齡的她成了丈夫另一隻腳，需背著丈夫如廁，無助時常偷偷流淚。台灣有好心醫生，幫她申請了輪椅，但出院返家又有新挑戰，居住的貨櫃屋前有八個階梯，她形容「每次背丈夫進出像爬高山」。

這十年來，張姓配偶以醫院為家，日夜守候著先生，對她來說，「嫁來台灣最熟悉的風景是醫院」，不僅照顧人體力負擔重，她的山東口音重，且不識繁體字，使得求助他人時所遇到的挫折，時常讓她感到流淚沮喪。「怎麼不苦？」她坦言，但是，她也說，願意幫忙的人還是很多。也有很多醫護人員的熱心協助。二〇一二年她曾經回大陸參加外孫婚禮，可是心中卻掛念著癱瘓的先生，新聞稿上這麼寫，她說：「我們是夫妻，再苦也要作伴。」

同樣都是坐在輪椅上的先生，背後有著不同的故事。也許打罵先生的老嫗引不起讀者的好感，或認為：儘管另一半年輕時有再多的荒唐，但既然要照顧，就好好對待。打罵畢竟不是正面的行為。的確，行為上是應該修正的。

但這兩個真實故事，其實有一個共通點，就是**承諾**。老嫗的先生荒唐風流，及至生病了才想到糟糠之妻，這當然是不好的示範。但難能可貴的是，老嫗並沒有就此絕然離去，在老公荒唐時，她苦守家庭，守著婚姻與一生相伴的承諾，在他們的時代裡，**嫁人就是一輩子的信約**。男人雖然常常違背契約精神，在外花天酒地，甚至背離共同契約訂立人，但女方多半信守誓言，遵守信約，以一生的代價作為承諾的證明。

宿命論嗎？是的，她們是。值得嗎？或許不值得。但是，少了承諾的愛情，那還有什麼珍貴呢？張姓配偶與先生或許少了年輕戀人的浪漫愛情，但也是「**擇其所愛，愛其所擇**」的承諾，才讓黃昏的愛情歷久彌堅，令人動容了。

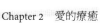

04 療癒

負心漢

知名的京劇故事《鍘美案》，內容是宋朝的陳世美高中狀元，隨即又被招為駙馬。陳世美早有家室，妻子秦香蓮帶子女入京尋夫，不僅陳世美不認，甚至動念殺母子滅口。秦香蓮後向包青天訴冤告情，包青天不畏陳世美已是皇親國戚，為秦香蓮主持正義後，以龍頭鍘鍘死陳世美。拋棄糟糠、貪慕虛榮的陳世美，自此成了負心漢的代名詞。

多年前，我的一位女性學員遭遇愛情的背叛，經營多年、耗盡青春，並且供給男方出國唸書求取學位，但就像所有古往今來的負心漢故事一樣，學位完成就移情別戀，拋棄了一路走過來的生命伴侶了。

我的學員自此走不出負面的情緒，得了重度的憂鬱症。否定人生、不相信愛情，有時候將自己關在房裡足不出戶，常常喃喃自語說著：「怎麼會呢？怎麼會呢？」

家人的勸導、朋友的關心都無法讓其走出悲傷，重拾笑顏。

自憐症候群

陷入情緒困境的人會感受這世界離棄他了，會覺得自己是不幸的代言者，承受的是最坎坷的生命遭遇。他們面臨的確實是人生的逆境，也因此處境產生了自怨自艾，尤其是自憐的情形。在心理上無法因應面對的衝擊，且因為不斷將注意力放在自己的遭遇上，於是重心的放大，深化了自己的可憐處境。當深刻放大自己的劇情，自憐的心理就難以避免了。適度的自憐是正常的、也是健康的，因為它讓當事人反過來關注了自己的狀況，但是過度自憐，就會陷入頹喪、憂鬱、乃至放棄的價值觀。

療癒的方法

我的學員就出現了自憐症候群，她經常說的是，自己是全世界愛情最不幸的人，因為人財兩失。有一次，我帶了另一位甫遭逢婚變的學員去看她。這位學員同樣投下了自己的青春，也同樣一肩挑起家庭的經濟壓力，但老公不僅花天酒地，散盡她辛苦賺來的生活費，甚至以她名義在外欠賬，讓擔任保證人的她背負了龐大的債務，尤其先生還有暴力傾向，多次動粗毆打致傷。她盡了不知多少努力才順利離婚成功，但因先生不負責任，孩子歸她撫養，生活費與教育費是她今後不能卸下的重擔。

我帶了同樣也情緒陰霾重重的她去見第一位女學員。原來負面情緒嚴重的她，聽我說了第一位學員的故事，婚變的學員開始反過來和我一起安慰淚水不止的她。「淑麗，別難過了，我和妳一樣人財兩失，但是妳好幸運，沒和這樣的人結婚，不像我愛情婚姻都一起葬送了。而且你沒結婚沒孩子，負擔少，自己過好就可以了。再找下一個好男人，你看我真是比你慘多了。」婚變學員「相形見絀」的遭遇，讓第一位學員淑麗開始有了對照，原來自己並不是最悲慘的狀況。那是一次忘了時間過去多久的談話，我只記得，當離開時，兩人的情緒明顯有了轉變，我知道的是，兩個同病相憐者都開始跨出陽光的一步了。

關於愛情

美國知名的脫口秀節目主持人歐普拉〈Oprah Gail Winfrey〉說過一段話，她說：「**當你受傷，就去慰藉別人；當你痛苦，就去幫助痛苦的人；當你陷入不堪，唯一走出一團糟的辦法，就是幫助他人走出迷霧。**」

我們很容易聚焦在自己身上，稍一不慎，就會犯了「天下自己最可憐」的心理症候群。但比上不足比下有餘，悲慘的故事情節太多種了，往好的方面想；想想那些比自己更不幸的人，他們就像是現身說法的菩薩，給予我們繼續樂觀向前的力量，要自我療癒，或療癒他人，幫助同樣遭遇的不幸者，會是很好的療方。

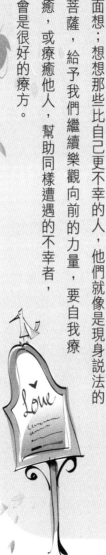

05 蟑螂小強的媽媽

史黛的故事

有一次我和學員史黛聚會，她不慎發現自己好像壓死了一隻蟑螂，篤信佛教的她立刻唸起大悲咒。只見她閉起雙眼，口中念念有詞，超渡之後才開始和我說話。已婚並育有一子的史黛，從結婚後，依然過著宛若單身的生活，簡單說，她沒扮演過像樣的妻子與母親角色。

生完孩子後，孩子就丟給父母帶，自己依然像未婚時一樣自由自在，忙碌的老公是個非常罕見性情憨直且包容力強的男人，工作踏實，沉默少言，對向來講話大聲強勢的史黛，沒有任何的埋怨，只一昧的認真工作，賺錢養家。史黛後來開始信佛極深，不僅皈依三寶，以靈修為重心，平日忙碌地跑廟、以參加各種宮廟活動為能事。

當然，若是正規的宗教投入、尋得心靈依歸，即若犧牲了部份家庭生活，或許無可厚非，但史黛後來越陷越深，開始以虛無空幻的怪力亂神，作為信念中心。荒唐到不時會告訴身邊親友，透過某位神靈的啟示，明指某某某的大限之日為何時，還預測台灣政治人物的當選屬誰、戰爭的爆發日期，甚至身邊朋友分別是某某元神的附身等荒誕預言與說法。

小強媽媽

我始終想導正她的走火入魔，聚會這天，看見她壓死蟑螂這幕，我突然想了一個比喻告訴了史黛：

小強〈自從港星周星馳主演的電影《唐伯虎點秋香》走紅後，片中被稱為小強的蟑螂，日後就成為了蟑螂的別名了〉和牠的蟑螂爸爸與媽媽，一起外出覓食。一家子在路上歡樂融融，突然間小強媽媽停下來，和先生說：「老公，我聽到天空中有聲音傳下來。」老公說：「有嗎？我沒注意到。」走沒多久，小強媽媽更強烈地說：「老公，這聲音很特別，我聽的好清楚。」「喔，別管它吧！我們還得帶小強回家睡覺呢，我看小強今天太累了。」老公說。這時聲音又出現了。「老公，你帶著小強回去吧，這聲音一定對我有某種意義，一定是要召喚我賦予我任務，才會讓我聽到。」說完後，小強媽媽就逕自掉頭離開，留下一臉錯愕的老公和已經打起瞌睡的小強。

史黛說：「季老師，妳要和我說什麼？」「我要說的是，小強一家聽到了你和我在高處的談話，是的，這世界或許有更高位的靈存在，就像在小強家族的世界裡，有更高靈性的人類與之共存，我和你的說話聲音也可能讓小強媽媽感應到。但小強媽媽只因為這樣的聲音，就拋家棄子，追尋自己的啟示與感召，那就不負責任了。我們有自己該盡的生命責任與家庭義務，每個人都可以追求自己的靈性成長，但是它應無礙於世俗的職責。小強媽媽離開了夫與子，意義是什麼呢？又成就了誰呢？」我說完，史黛若有所思。

但一席話畢竟沒有改變她。她後來行為越來越偏差，謊言不斷，以各種名義騙取父母兄弟姐妹以及老公的錢，並掏空朋友的公司帳目，以種種惡劣行為讓身邊的親朋錯愕憤怒，甚至法律控訴。而她吸納的錢哪去了呢？當然是和怪力亂神的事情脫不了干係。最後不盡責的史黛，竟以孩子為要脅，威脅早已因她背負鉅債的老公，還要靠著面子去借錢幫她撐過債主的追討。

玉石俱焚

這是我近幾年身邊最讓我感到人性醜陋的一個事例。我和史黛認識很久，原本她是一個熱情且好助人的友善朋友，但後來幾年的變化，實在令人非常錯愕與意外。從一般的觀念上看，她的老公是個殊為難得的好男人，夫妻倆是大學的登山社社友，戀愛多年結婚。但最後竟落得不僅以死相逼、甚至要帶孩子一起自殺，尋死尋活地要脅老公拿錢還債，好脾氣的老公一再原諒，但最後史黛竟跑到公司大吵大鬧，甚至將老公以她名義開設的公司印章，強占不還，讓公司的經營陷入停頓。玉石俱焚的心態與走火入魔的行徑，濃情密意成了虛情假意，天長地久已成奢求，簡直無法和兩人戀愛時的互動發生聯想。

你可能會問，即若在外面闖了大禍，但為什麼要以身邊最親的家人做為對抗的對象呢？是的，很匪夷所思。但心理學上，確實會出現的一種常見反應就是遷怒。他們無法解決與面對外來的壓力與問題，所有的憤怒、不滿、委屈，就朝向容易包容他們的家人發洩，儘管錯的是自己，但他們內心清楚知道，家人的回擊手段有限，所以是「**可測的**」風險，但外界的壓力，如討債者的出現，則是「**不可測的**」，於是他們對自家人的發洩就更肆無忌憚了。

史黛多次以離婚要脅，她脫序的行為，讓老公最後終於狠下心來同意。因為再多的包容都挽不回她的正常了。

很多夫妻最後的離異，有時候確實是令人浩歎，因為被迫接受離婚的那一方，常常是認真善盡本分的，但伴侶卻以「有比婚姻與家庭義務更高的任務與價值」要去追求，從而破壞了互動與和諧。史黛的故事或許只是其中一種極端案例，但有更多的夫妻會以其他藉口，例如發展自我興趣、賺錢工作比家庭重要等理由，輕忽怠惰應盡的婚姻與家庭責任。兩人世界，可以包容，但不能縱容，凡是過度的作法都是破壞婚姻與家庭的地雷。找理由逃避家庭與婚姻義務者，要自我約束，而有這樣伴侶的人，則要提早謹慎以對，避免自己成為受累的犧牲者。

06 彼得潘症候群

謊報年齡

有一項研究這麼表示，在我們的人群中間，每四個人就大約有一位具有非常明顯的「裝嫩」心理。若以性別區分，男性的「裝嫩」週期是八年，亦即是若男性的年齡是四十歲的話，其願意表現出來的年紀是三十二歲；而在意年紀的女性則是十到十二年。

這項研究證實了女性果然對年紀特別敏感，這讓我想到美國女演員露西・鮑爾〈Lucille Ball〉說過的一句名言：「**永保青春的秘訣在於誠實生活、緩慢進食以及謊報年齡。**」年齡是女性的最大秘密與禁忌，就像一旦不小心將稱謂說錯了，就可能換來白眼相待。所以只要比自己年紀大的，都只能尊稱大姐，而不能是阿姨或是大嬸。

專家這麼說

其實這項研究，也可以稱為彼得潘症候群，小說裡的彼得潘是故事中夢幻島上那位永遠也長不大的調皮小孩，但其實他是不想長大，因為他知道作為小孩的好處，可以有許多放肆以及被原諒的特權。

當美國搖滾巨星麥可．傑克森過世時，就有人分析他的性格也屬於**彼得潘症候群**〈Peter Pan syndrome〉，而每種性格都有優劣的兩面。而心理學家認為的負面，無非指的是：裝小、裝嫩，可能是潛意識中拒絕長大，仍渴盼著受到呵護，躲避現實生活，不想、不敢去肩負責任的一種行為投射。

說起來很弔詭，許多小孩都期盼快快長大，好享有更多的自主權，以免受到父母師長的管控，但相對地，許多成年人卻經常回憶幼年被保護的幸福，那是一段無憂無慮、不用管生活壓力，只要快樂無負擔的玩樂的日子。但長大後，責任壓力多了，快樂就少了。但每個年齡都要有符合年齡的言行，這是人類必須的分工。

裝小，如果只是外表的年輕化，那是個人的選擇，無可厚非，也無所謂的不正常、可議；但如果是內心潛意識以裝小、長不大的形象，試圖逃避責任的肩負，那就是幼稚的表現了。如在愛情的領域裡，女性裝小的負面影響就是，將男人視為生命的依靠，一旦男人負不了責任，就會有頓失依賴的失落感。但問題是，為什麼要將自己人生放在男性身上呢？當尚未與此男人相遇時，自己不是也能過得下去嗎？共組家庭，就是責任的分擔，彼此是對等與互助的。

然而，當有了裝小的心理，就可能產生「依賴型人格」，會想規避責任，將一切生活重擔轉交給另一半。打扮穿著可以追求年輕，但心態上不能幼稚與拒絕長大，否則再年輕的外表與容顏，都無助於愛情的經營與幸福。小孩固然可愛，但生活的挑戰，需要的是成熟大人的因應與面對，也才會贏得另一半的尊重。

07 愛情與占卜

阿拉伯有句諺語：「談未來的人，即使說的是實話，也是在說謊。」

神準的占卜

「我希望以後嫁的老公是自由工作者，不要被上班綁死，這樣他想陪我就可以陪我。」小潔一臉期待地看著擅長塔羅牌占卜的李老師。「沒問題，這想法可以如願。」李老師抽了張牌，仔細端詳後，肯定地做出回答。「我還希望，未來的老公能夠有部車，可以每天載我，出去遊玩時，坐著自家的車，這樣才有屬於我倆私密的空間。」李老師再抽了張牌，緩緩地說：「從牌面的信息上看，妳老公一定會有車，妳不必擔心。」「喔，對了，現在的工作很不穩，而且像我的工作呀，老闆常會拖欠薪資，經濟很重要，我希望以後老公的工作能夠每天收現金，這樣我就安心了。李老師，這可以從牌相中看出嗎？」小潔好奇地問。「我試試。」於是李老師又念念有詞，然後洗了幾次牌後再抽了張牌，仰天思考片刻後說：「可以，小潔，妳先生以後會從事收現金的工作。」小潔很高興，立刻拿出兩張大鈔送給李老師當作謝禮。

三年後，小潔結婚了。嫁給了開計程車的司機。準吧！但，和小潔原先的想像伴侶並不一樣。

愛情救星

「吳鐵嘴，你不是說我每天早上出大門時先跨右腳，象徵強勢主導，擺脫弱勢，然後要配戴玉環，終日不離手，增添貴氣，我先生就會常回家，漸漸擺脫小三。可是沒效呀，他還是經常夜不返家，怎麼回事呢？」

倩如與先生的婚姻發生危機時，聽說吳鐵嘴神準，因此多次來此求救，希望可以挽回丈夫的心。吳鐵嘴交辦的作法，倩如不敢怠慢，照單全收。「嗯嗯，不夠，顯然這樣做還不夠，那女人跟妳先生前世的宿緣太深，妳還得在小指套上金戒指，防範小人才行。喔，對了，千萬別和先生說妳求助命理老師，否則關係只會更壞……。」吳鐵嘴邊看著倩如的掌紋，邊喃喃說道。「可你上回不是說，沒問題了，這樣絕對可以挽回感情嗎？怎麼又要買戒指呢？」已經花了不少金錢與精神的倩如，一臉茫然地看著她心目中的愛情救星。

瞎子摸象原理

「永遠做不夠，永遠自圓其說，**就像個失衡的天平，只要被質疑算不準，算命的就永遠會告訴妳『加碼』。讓妳以為是自己不夠努力貫徹命理上的作為，所以得不到救贖**」，這是倩如多年省悟後的有感而發。

女人喜歡算命，無論對懷抱憧憬的未來愛情、或是已經面臨問題的婚姻，都喜歡求神問卜，希望有人可以指點迷津。從社會科學研究上的觀點，一般會認為，在心理醫生與心靈諮商不發達的地方，類似這樣的算命卜卦，替心靈解答困惑的行業就愈形發達。和古時候比較，現代人的誘惑多，定力或許薄弱，戀愛的氛圍又自由，感情的經營與把握似乎就很難篤定。算命師成了紓解心情糾結的解鈴者，讓無數身陷情海迷障的女性，彷彿有了情海泅泳時短暫的救命索。

但姑且不論算的是否精準，我始終規勸女性朋友，算命的最大問題，在於「**局部**」與「**全部**」的理解差異。我們先排除那些騙財騙色、不學無術的江湖術士，而是假設，妳尋訪的算命者真有天眼，真有通靈本事，或真有靈異體質，又或真的深諳命理的天機，於是他可以道出令妳信服的說詞，甚或舉證洞悉的事實，令妳聞之駭然驚嚇。

但關鍵在於，這些人儘管算命神準，料事如神，也不過是能點出「一些」徵兆、鐵口直斷「一些」狀況而已，不可能綜覽全局，因為影響全局的因素太多，既有妳的因素，還有妳伴侶的因素，還加上外界環境的變化，甚至是人際關係的介入，如親友等的牽動。

換言之，即若真有本事的算命者，也頂多如鑰匙孔窺看房間，是看到了些東西，但視野仍屬有限，畢竟他們不是神。只是這些「看見」，就讓女性折服並深受影響，將之視為愛情迷路時唯一指引的明燈，反而輕忽了其他面向。這道理就像瞎子摸象，確實摸到了局部，但畢竟不是全部，於是與事實就相去甚遠了，自然也不能釐清與解決感情發展的趨勢全貌了。

為愛情算命，和為事業、健康等生命要項算命一樣，因為在乎，所以問卜。但想過嗎？萬一算命者對妳的婚姻報喜，難道就乾脆閉門家中坐，靜候美好姻緣到來嗎？當然不可能。而萬一算命者報的是憂，這不是又令自己耿耿於懷，擔心破壞姻緣的厄運纏繞自己，不得脫身嗎？如此的負面心理，對自己的生活一點助益都沒有。

既然，報喜與報憂都不具意義，那又何必算命呢？愛情，其他的面向也一樣，根本不需求神問卜，自己的愛情自己爭取，心靈健康正向與樂觀，就是替自己預卜了最好的愛情可能命盤。算命這檔事，聽聽玩玩可以，當真就不必了。主導自己命運的，是自己，絕不是江湖術士。

08 莫非定律：我就知道

終於嫁出去

莉莉是一個不夠自信的女孩。從大學談戀愛開始，被劈腿是她每次戀愛的結局。幾段感情經驗裡，她總是謹慎地呵護得來不易的感情，但內心就疑慮著總有一天會被劈腿的可能。

幾場遭到背叛的愛情，讓莉莉的感情路走得坎坷，三十好幾了，還待字閨中。終於在友人的介紹下，認識了一位大她十多歲的男性，對方對莉莉印象極好，儘管她聽說了男方過去的風流事蹟，但心想著對方也五十歲了，也該穩定下來了。於是渴望家庭的莉莉就嫁給對方了。當然也讓身邊的親友為她高興。

見風就是雨

有著豐富戀愛經驗的先生，婚後倒是安分守己，也對莉莉不錯。但莉莉的心裡面總認為眼前的幸福一定有著玄機與暗潮，忐忑的心理隱隱作祟。有一天在路上，偶然目睹先生與一位年輕女性交談，狀甚愉悅。莉莉開始覺得擔心的事情終於發生了。儘管只目睹這麼一次，但日後先生的手機鈴響，或是出差晚歸，都成了莉莉腦海中的偷情出軌畫面，負面的聯想開始不斷擴大。

當懷疑按捺不住，試探與懷疑的口吻，開始成了她與先生的對話內容。先生婚前就知道妻子過去的感情屢遭背叛，因此他再三保證對婚姻的忠貞。可是，疑神疑鬼的莉莉心中疑慮愈形嚴重，見風就是雨的質疑口氣日漸凌厲，一些捕風捉影的懷疑讓先生不堪其擾。兩人關係日益生變。一年多之後，精疲力竭的先生果然與辦公室同事有了感情的互動，

莉莉知悉之後，喃喃自語地說：「我就知道，劈腿的事情一定會發生在我身上。果然來了。」

暗示是魔咒

從莉莉口中說出的「我就知道」，其實在心裡已經潛藏了數十年。那是心理的一種長期暗示，一旦不能健康面對，就會落入自己布下的魔咒，形同走不出的必然宿命，從而自誤誤人。「不幸言中」的當事人，就如莉莉，會和自己說：「我就知道跑不掉。」

有一個經常被引述的理論稱為莫非定律。莫非定理〈Murphy's Law〉，簡單說，就是「凡是可能出錯的事必定會出錯」。再直白點說，就是越不想發生的事情偏偏就發生了。例如，想趁個休假天好好洗個車，但正要洗車，或剛洗完車，就偏巧碰到下雨，車也白洗了。莉莉的心理就是一種莫非定律，「莫非厄運就是跑不掉……」的念頭就縈繞在莉莉的心裡揮之不去。但實際上，老公的劈腿是她負面心理折射出的影像，最後甚至因此反而造成了事實。

關於愛情

失敗的經驗，會在心裡留下陰影，同樣地，愛情的挫折也可能會留下恐懼。但每一回的愛情其實都是獨立的事件，沒有必然的關連性，拿有限的愛情經驗，去預測下一回的愛情走向，我必須說是不科學，而且樣本數太少的謬想。

唯一有關聯性的，是當事人的心理累積，如果挫敗經驗後的心理是更健康，更懂得珍惜，而不是更負面、更經常性的質疑，那麼愛情的結局就更可能迴異以往、豁然開朗了。或許，結局誰都說不準，也可能走到同樣的負面，但過程的甜蜜與相信，就已經是愛情的絕大收穫了。

09

愛情的馬太效應〈Matthew Effect〉

聖經故事

一個地主要外出，他召喚來三個僕人，除了叮嚀管理家務外，還按著各人的才能給他們銀子。分別給了三個僕人五千兩，二千兩，以及一千兩。之後，領五千的僕人，憑著聰明的經商頭腦，又多賺了五千兩；領二千兩的僕人，同樣也不遑多讓地賺進了另外的二千兩；而最後一位領一千的僕人卻只把地主給的錢埋在地裡面。主人回來後，詢問他們金錢的狀況與用途。分別領五千兩及兩千兩的僕人，都獲得主人的高度讚賞。而當主人得知第三位僕人竟然只將錢埋進地底，懶惰經營的時候，主人就非常不悅地責怪其懶散且毫無作為。於是將錢要回，分給其他的僕人。耶穌說：

「因為凡有的，還要加給他，叫他有餘；沒有的，連他所有的，也要奪過來。」這是記載於《新約聖經．馬太福音》第二十五章的一個故事。

萱萱故事

「他不可能愛我的。」萱萱毫無自信卻一臉篤定的這麼說。「為什麼呢？愛情有各種可能，適合與否，因人而異。不是條件多好，就一定成功。」萱萱是一位身體有缺陷的女孩，在感情路上，一直缺乏自信。但是，她的個性溫和友善，對人謙恭有禮。而且或許是上天要彌補她的缺憾，因此，她特別的聰明靈巧，總在朋友束手無策時能籌謀策劃，克服問題。只是一遇到愛情，尤其是對身旁年齡相仿的男性，她會立刻變得拘謹且話題中避談私人感情問題。男性友人從沒意識到萱萱是個可以追求的好對象，就因為每次的相處，她總像是戴著面紗，無法透析她的真實感情，甚至一起共事的氛圍像是處在北極，全身籠罩在冰冷的空氣裡。

認識初期的男性朋友都會以為萱萱不易親近，甚至個性孤僻，對萱萱的印象就一直扣分。但從其他女性友人的口中，聽到的卻完全不是那麼回事。萱萱對其中有好感的男性，就這麼一個個錯過了可能的愛情發展機會。

心理效應

馬太效應廣泛引用在各個領域，主要引申意涵就是來自最後耶穌的這段話。簡單說，就是已有成果的，還會得到更多的獎勵，已感不足的，則連既有的，都可能遭受剝奪。「富者恆富，貧者愈貧」就是馬太效應一詞的主要意義。我們似乎總是會發現一種現象，一個人倘若獲得了成功，那他就容易接二連三的遇到好事，形成一種積累優勢。反之，若是表現欠佳，那似乎也容易禍不單行，壞事也會接踵而至了。

萱萱的情況，就是一種心理上的馬太效應。不同的是，聖經的馬太效應啟示是外部造成了「富者恆富，貧者愈貧」，而萱萱則是內心世界的認知造成了馬太效應。由於自信不足，從而影響其他優點的發揮，使得男性對她的感覺不斷扣分，形成了多種面向都不好的錯誤印象。萱萱的愛情就始終不得發生了。

關於愛情

世間男女皆然，只要心理有了某種陰影，這一「單一因素」，就會波及其他的面向，造成自己優勢的不斷流失。彷若是當一個人經常被罵，即使其實他仍有許多其他優點，可是被罵久了，似乎外界對他的印象就容易全盤否定了。

外人容易誤解自己，但自己卻一定要認清自己的特質，若將單一缺點不斷放大，影響了自己的自信心，總認為對方會聚焦在自己的缺點上，所以寧可隱藏躲避自己，那愛情陰影就會如影隨形，難以擺脫了。阻絕自己幸福道路的，是心殘而不是身殘。缺陷常是別人眼裡的缺陷美，我們以為的天大缺點，或許對方根本不以為意，愛情的媒合不是純然的條件匹配，而是一種臭氣相投，自認的臭味，或許在他人嗅覺裡香不可遏，萱萱說：「他不可能愛我的。」但愛情沒有不可能，也正因此，才成就了愛情的奧妙與偉大！

10 愛情裡，妳是陶匠或園丁？

事與願違

「奇怪，身為男人，約會時不是應該搶著付錢嗎？不大方點，還想談戀愛嗎？」「唉，我的老公也很糟糕，我總以為兩人睡前應該聊聊一天的心事，誰知他一點也不浪漫，想交換彼此的心情，他卻心不在焉，老想著白天的工作。」我的兩位工作坊會員齊聲埋怨著。另一半的行為模式，顯然不如她們的想像。

巧的是，這兩位會員的另一半，我都認識。第一位男性，儘管力主約會時各付各的帳，但除此外，他卻是對女友關懷備至，上下班接送，而且愛屋及烏，對女友的父母每次拜訪都送上貼心的禮物。另一位的先生，是公司的優秀主管，表現卓越，責任心強，是企業倚重的人才。

鏡像投射

兩位會員的討論是有趣的事例，因為從外界來看，這兩位男性都是優質男人，不可多得。但弔詭的是，對他們的另一半來說，卻有重大的缺點。

人的心理是很微妙的，情人眼裡固然出西施，但情人眼裡也經常出東施。嫌惡的原因就是，再完好的對方只要沒有做到自己的想望，就會有了埋怨。埋怨愛人為何總少了那麼點在乎的優點？

有人研究愛情行為發現，有種情況是，我們選擇的對象其實是自我鏡像的投射，折射映照出的形象。試想，**女人一生仔細端詳鏡中自己的時間，恐怕遠多於凝視伴侶的時間。看自己比看對方時間多，誰說女人不自戀呢**？從鏡中影像投射的人，才是自己最愛的人。愛自己固然天經地義，但過度重視自己，尤其在兩性的交流之間，就未必是福了。對這些自戀心理濃烈的女性來說，與伴侶相處，追根究柢，不過是自我腦海的想像。也就是說，對方本來就不是我們腦海的設定，只是結合後，會「理所當然」地認為對方應該是如此才對，而理想與現實的差距，就成了「因誤會而結合，因了解而分開」的不變模式。

從心理學來說，某種程度，有這種現象的人，看起來是愛對方，但其實是愛自己。

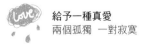

假想一下，身為父母，面對孩子的成長過程，常不自覺地會流露出對孩子的某種期許，不少的父母會將腦海中形塑的模子，套設在孩子的教養過程當中，期望他長成我們希望的模樣與生涯走向。而這樣的期望，有很大的成分是來自於對自己過去無法成就願望的彌補。

但教育專家會說：父母應該讓孩子順性成長，畢竟每個孩子有其天生的興趣與根器。所以父母的腳色，與其作個陶匠，按照創作、拉捏形塑孩子的形貌，還不如做個園丁，從旁呵護澆灌，但種子仍是自在地吸收養分而成長。說穿了，父母要讓孩子自己長大，而不是拉拔長大。

同樣的道理，對比著愛情的模式，在行為科學上，也有同樣的精神。當我們投射過強的期盼在另外一半身上，期盼望夫成龍，但結果卻完全不如想像時，失望、遺憾、爭執就成了兩人相處的固定戲碼。我們一旦成了愛情的陶匠，將因此忽略對方獨有的特性，忽視了世間「各有各的好」的多元性，也會忘了欣賞對方的好，忘了設身處地去理解與尊重對方。園丁式的相處模式，值得在兩性相處的時候應用，我們會關心對方，但不過分涉入對方的價值觀；我們會樂於和他一起沉浸於他的興趣，並且願意相互分享所感。當我們理解，每個人都屬個體，結合應仍保有獨自的空間，無論是心理或地理上的空間，那麼，愛情就容易保有餘地，兩人的世界就更形寬闊了。

11 他很醜，他是我丈夫

表妹的醜先生

小璐是我的表妹，旅居海外多年未見後，有一次突然來台灣造訪探親。在見面前就得知她已結婚了。相逢的一陣熱絡後，我提出要看看她的夫婿模樣，小璐想了想說：「好像手機裡有他的照片，我找找。」邊按著鍵搜尋，邊冒出一句說：「他很醜啦！長得不好看喔。」這句像是怕別人批評，所以先打預防針的突然之語，讓我覺得很有意思。

欲迎還拒

戀愛找伴，該是一種尋覓知心人的過程，但其中也揉合了條件的比對。崇尚偉大與純潔愛情的論者，認為愛情是不該有條件的，但真實的情境裡，愛情似乎很難沒有條件。你會掂掂對方的各種擁有，或金錢物質的、或人格特質的，亦或外表資質的。誠然，當兩人愛上了，似乎一切都可以超脫，不再那麼重要了，但是你的不在意，卻依然害怕別人眼裡的在意。就像我聰明可愛的表妹小璐，既然都已經願意出嫁，但潛意識裡，又害怕別人認為自己嫁了個醜丈夫，彷彿見不得人似的。很弔詭的心理矛盾，自己不以為意的小璐，卻在別人眼前又在意了起來。

愛情的條件說，反映的無非就是攀比的心理。除了對自己的追求期許外，也希望對方的某些條件能是讓自己滿意甚至驕傲的地方。愛情裡，確實充斥著攀比的心理。

而攀比是非常值得提出的一種心理現象，表面看起來，是因為「喜歡」比較，所以造成了心理的不平衡，而有了連帶的忌妒心理，但忌妒的另一個成因反而是「害怕」比較，因害怕真正的比較，所以產生了忌妒心理。就如瑞士極為知名的劇作家暨小說家馬克士・福里施〈Max Frisch〉這麼說過：「**忌妒，是恐懼比較**。〈Jealousy is the fear of comparison.〉」聽起來很弔詭，表象上看似喜愛比較的人，內心深處可能是恐懼比較。然而，就在喜愛與恐懼的欲迎還拒中，畢竟走上了攀比的行徑。只是，有了攀比，反而很難享受純粹的愛情了。

面具聯誼

日本埼玉縣久喜市當地商會，從二〇一〇年開始舉辦了所謂的「宅宅聯誼」活動，這是為了當地的鷲宮神社，因為漫畫《幸運星》成為漫畫迷參拜聖地，賺進豐厚的觀光財，為答謝漫畫迷的一種回饋。參加聯誼者僅限熱愛動漫的宅男宅女。活動內容多元，有角色扮演、也有烹飪教室或兩天一夜旅行等，而活動的重點是參加者都得戴上哆啦A夢等卡通人物面具。為了避免參加聯誼者的尊容太早曝光，主辦單位還費心安排，要求女性先在附近車站集合，再派車一起接送到會場。

活動過程中，參加者戴著面具聊天跳舞，有了初步認識後，彼此再挑選有興趣進一步交往的對象。當兩人一起揭開面具時，大多數的雙方都鎮定如常，並沒有出現誇張驚訝的表情。

面具聯誼讓雙方初時可以避免尷尬，完全憑感覺交心，一旦互有好感，再揭開面具。妙的是，據主辦單位表示，配對成功率接近五成。

網路戀情

有一個真實的故事是，一對男女網友在網路相遇，未曾謀面的兩人很有默契、相談甚歡，好感極深，於是兩人決定見面約會。兩人說好時間地點以及穿著打扮，且約定：為免遺憾，若對彼此的外型無法接受，可以不相認，逕行離去。於是，兩人分別前往赴會。

很準時，時間一到，一位依照女方描述穿著打扮的女孩就站在約定的地標下。男方遠遠地就認出來了，那是在路程中反覆出現腦海的想像圖像。男方心跳加速，但當越走越近，腦海的畫面在眼前日漸清晰時，原先輕快的步伐慢了下來，似乎開始有了猶豫，因為他已可辨識女方的外型「不太優質」。但步伐雖慢卻沒有停下，也沒有逕行離去。他依然友善地迎向前去，與這位女孩相認了，並且一路依約地共餐、看電影。一天活動結束後，臨睡前，男方上線留言了。女方以為禮貌友善的男性，忍了一天，或許是要來說告別的話，但男方寫的是：「小蓉，很謝謝妳今天的陪伴，希望我日後的每一天妳都能一樣的陪伴。妳不要對自己沒信心，所謂的愛情是心靈的沒有距離。我很高興我遇到了零距離的愛情。晚安，祝妳有個好夢！」小蓉邊看邊泛著淚，一方面是感動而泣，另一方面是感到抱歉，因為赴約的女孩是她找來測試男方是否重視外貌的槍手，赴約前，身為好友的槍手，先溫習了兩人彼此的故事，已經知道如何應對進退，所以表現的不露痕跡。

而小蓉的外型極優，但她過去的戀愛經驗，讓她決心要找一個心靈伴侶。而她找到了！

關於愛情

傾聽內心感受，才是尋覓真愛的標準，面具聯誼、小蓉的故事說的都是同樣的愛情真理。美醜、高矮、貧富，都是一種無形的面具，我們需要的是揭下面具，發現彼此的真心，而不是攀比面具的美醜優劣，當超脫了面具，相愛與相處都將隨意自在了。

12

王子與青蛙

睡美人

前篇提到的日本「宅宅聯誼」活動，中國大陸也有類似精神的兩性交誼。台灣報紙報導了蘇州有一個婚友網站舉行一種另類相親活動。內容是由四名女性扮起「睡美人」，而參加活動的男士則要表演才藝，還得回答家庭背景，甚至是婚後生活等九個問題。根據規定，只要跟睡美人有六題答案一致，就可獲得對睡美人一親芳澤的權利。

女方則僅憑親吻「口感」，來決定是否睜開眼來認識該名「真命天子」？該次的活動當天，計有十二名男性獲得親吻權，但被親的睡美人們卻仍閉雙眼，無人「醒來」。

先靈後慾

常說，愛情是盲目的，現在竟連遴選愛人也要先閉著眼，有趣的安排，但有合理之處。擇偶不免受到第一印象的影響，外型的優劣佔了初期好惡印象的極大比例。這是我在前書中提到過的「初因效應」。理論上，第一印象應該也包含氣質、談吐、是否言之有物，以及彼此談話是否默契投機等條件在內。只是外型的第一印象太過直接與強烈，往往遮掩了其他特質的突出。倘若，閉著眼先以心靈傾聽感覺，考驗默契，那心與眼秩序的對調，或許會遴選出截然不同的對象。

愛情心理學會談到，男女愛情的發生與交往，究竟是先靈後慾，抑或是先慾後靈？是眼睛感官刺激在影響大腦、還是先有靈契再進入慾望感官？各據立論、仁智互見，但多數人應會同意，恆久的愛情應該建立在心靈的基礎上。

相親活動有趣的是，閉眼遴選對象的是女性，從安排上不僅符合寓言故事睡美人的精神，同時似也說明了女生是比較「唯心」的動物，比男性常被認為是下半身思考的動物，來得更吻合男女的天性。但做個設想，是否應該角色互換，安排慣常以外貌為重的男性閉眼，促其從心靈的角度來認識女孩，會否更具意義？

關於愛情

蘇州的相親活動，彰顯的是我前書曾引用莎士比亞〈William Shakespeare〉的一句話：**「愛，不是用眼睛看，而是用心去看。因此，有翅膀的愛神邱比特會被畫成兩眼全盲。〈「Love looks not with the eyes, but with the mind; and therefore is winged Cupid painted blind.」〉**先從心感受，才不會被眼睛矇蔽。當然，尋愛的過程是辛苦與不易的。於是，請妳記得美國 3M 公司〈Minnesota Mining and Manufacturing〉的著名格言，這家公司講究創新，鼓勵犯錯，因此公司有句精神標語是：You have to kiss a lot of frogs to find a prince."中文是：**「為了發現王子，妳得親吻許多隻青蛙」**。同理，尋到真愛、戀情成功前，有很多妳不喜歡的惱人青蛙可能出現在妳面前，妳會歷經挫折、失敗、沮喪，但有失誤才能修正，愛情也是同樣的道理。真愛出現了，一切就值得了！

13 情人新品種

新好男人

「新好男人」一詞的重要內涵是指，對女性伴侶溫柔體貼，甚且願意分擔以往多落在女人肩頭上的繁重家務。新好男人樂於傾聽、不吝分享，尤其並不那麼男性沙文主義。

由於能在原有的傳統社會功能角色扮演，「男主外」的賺錢謀生養家之外，還能兼及伴侶「女主內」的傳統責任，所以贏得了新時代好男人的稱號。

新好男人一詞出現後，男性因此有了一個新的頭銜可以接受定位與自我定位。

男人真命苦

「現在男人真命苦，經濟不景氣，工作壓力非常大。可是回到家後，還得帶小孩，否則老婆會說我都當大老爺，家事都不管。」結婚兩年小孩誕生不久的小吳邊嘆氣邊這麼說。「唉，我理解你的心情，我老婆在外面上班，薪水比我高很多，家裡的經濟主要是她在支撐，我覺得很不好意思，一個男人賺的錢比老婆少，很慚愧。所以，我只好多幫忙家裡的事情，免得好像對家裡貢獻太少。家務事我幾乎全包了，外人常誇我是新好男人，這種肯幫老婆家事的好男人不多了，但是，誰想做家事呢？我也要上班呀。英雄氣短啦！」小王是小吳的大學同學，兩人坐在我的辦公室苦笑著男人角色的時代變化。

時代變了

小王感嘆的，正是時代的變化。過去的男人只要出外賺錢，撐持起家裡的經濟，就算是稱職的好男人了。家裡的事務，全由女性一手包辦，當然還包括孩子的撫育與教養。在那典型的男主外女主內時代，男性的角色很清楚，功能很單純。只是，時移勢易，女性開始有謀生機會與能力後，養家活口的責任不必然由男性專責處理，再加上過去的大家庭制度，有充裕人手可以協助家務的環境也早已改變，小家庭的夫婦倆人，必須要相互支援，才能夠應付繁瑣的日常事務。就這麼樣，兩性的角色與內涵隨著時代而改變了。

悄悄改變的兩性角色，也改變了兩性的擇偶心理學。倘若，問男性擇偶時會重視女性的哪一點？過去「女子無才便是德」的年代，男性多半會以美貌或是三從四德的順從性，作為挑選妻子的優先考量。倘若，也問女性如何擇偶，會以男性何項條件優先？當然人品與外型是基本要項，但過去時代的女性，屬於附屬地位，男尊女卑情況下，經濟與生存的權利掌握在男性手裡，女人一生的生活榮枯，取決於男人的財務能力。於是，經濟能力就成了女性擇偶的首要條件。

然而，情況已有了轉變。英國的研究機構調查顯示，隨著一個國家發展越來越先進，男女擇偶條件也與過去不同。這份調查是針對三十餘國大約一萬兩千名的民眾，請這些受訪者寫下心目中的擇偶條件。然後再和世界經濟論壇〈WEF〉發布的「全球性別差距指數」作比較。主持此一調查者是英國約克大學心理學系的講師詹特納和米杜拉。根據這份調查，例如英國和北歐一些先進國家的男性，在擇偶時會偏好智商高的女性，勝於身材或擅長烹飪等優點的女性；而相對地，女性則是重視男性外貌勝於財產能力。

調查顯示出的有趣現象是，當今男性重視女性的頭腦勝過身材，女性則變成重視外貌勝過財富。調查的主持人推論原因是：現在的女性經濟獨立，不需要再如以往得找個有錢的長期飯票，所以對男性財力的重視程度不如以往時，男人的外型反成了優先的順位。而男性大概也「進化」了，懂得尋覓貼心的心靈伴侶，而迥異於過去特重外型的

「外貌協會」。

關於愛情

世界變了，兩性的價值觀自然也隨之改變了。很多男性內涵豐富、財力也不差，但是追女孩時經常碰壁。或許該反省的是，是否自己太邋遢，讓女性退避三舍？的確，從演變上看，男女對異性的要求條件都產生了質變，看似要做個稱職的自己，好吸引異性的青睞，可越來越不容易了。只是，從正面看，如果可以內外兼修，自然多具備一份優勢。多數人都會同意，在工作能力上要與時俱進，愛情能力當然也是。

如果自己可以蛻變成受歡迎的情人新品種，那就無須感嘆壓力，反而是提高愛情的競爭力了。

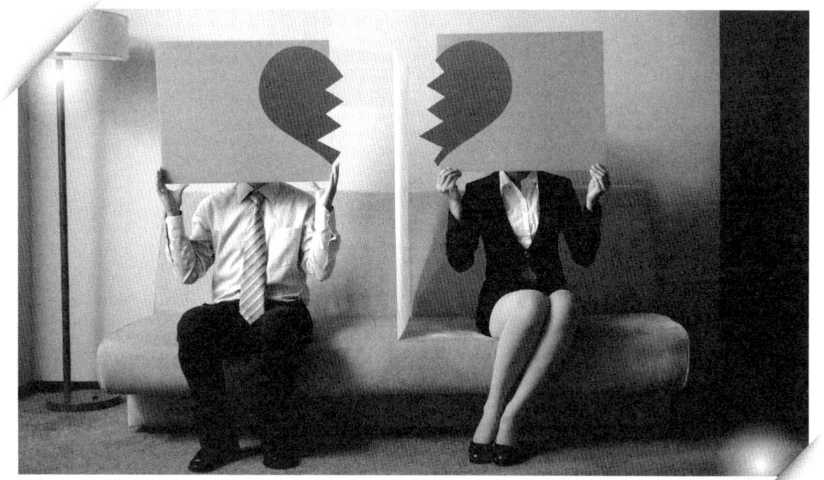

婚姻本來就是一場冒險，
每一場愛情都是選擇後的結果自嚐，
無從預期優劣，未來的事誰又說得準呢？

14 愛情的公平性

分手的首因

仳離、分手、爭吵等男女問題中，最常出現的原因是什麼？「虧欠、不公平、不甘心」等「誰負了誰」的說法，應該名列前茅。每一樁不幸的婚戀中，妳總會聽到「他對不起我」這類憤恨不平的怨言。其實，每個人心中都有一座愛情天秤，可惜的是，天秤總有傾斜，且傾斜之後，就很難校準回歸衡平了。

失衡的愛

著有《姊姊的守護者》等暢銷書的美國知名的女作家喬迪．匹寇〈Jodi Picoult〉在其一九九六年出版的作品《Mercy》中曾說：「**你知道，一個婚姻中，從來就不是 50：50 的比重，總是 70：30 或是 60：40 的佔比。有一方先陷入戀愛，將其他一方拱在崇高**

的地位上，然後非常努力期盼諸事進展順利；另一方則是順理成章而已。」

喬迪．匹寇的說法很精確，常會看到一對伴侶，有一方很努力地維繫著彼此的關係，將另一方視為「貴人」，關懷呵護，甚至言聽計從，從不違逆。不明究裡者會認為是地位的不平等，似乎有一方受到不公待遇，或許是也或許不是。其實，另一方未必是養尊處優，故作姿態、忽略對方，而是在相處的模式中彷彿總有主從之別，久而久之，形成了慣例。

愛是臭氣相投

旁人不解努力的一方為什麼要委屈自己呢？委屈或許是誤解，當事人並不覺得自己受委屈，反可能以此為樂。主要撰寫短篇論文的美國作家 Robert Fulghum 說：「我們所有人都有點兒怪。而當我們發現某個人的「怪」，與我們的怪得以相容時，我們就會加入他們並且陷入相互對「怪」的滿意中，而後稱其為「愛」——且是真愛。」這大概就是中文說的臭氣相投，旁觀者覺得陰陽怪氣的人，卻可能在當事人眼裡可愛無比。

而關鍵是，經營婚戀的不變景況就如我引用過的英文說法，「**主導著彼此關係的，是「愛最少」的那一方。**」這是一句乍看不公平的說法，卻也富涵深意。可正面解讀，也可負面思考。但就像一個團體，維繫團體運作的，總是那些熱情積極的成員。

關於愛情

兩性相處想一如分蛋糕般，追求彼此對待公平，那肯定會大失所望。你會高喊不公平，不公平確實就是兩性爭吵最大的根源。但公平，或許只是愛情世界裡的理想，可望而不可及，或者可遇不可求。形式上的公平是可以要求與追求的，但百分百的對等，大概是數學裡面才有的可能。

只能說，愛情是一種甜蜜的負擔，當選上的那一刻起，注定不是公平的交易，愛情本非交易，那是什麼呢？愛情是「你情我願，歡喜做甘願受」，這才是愛情的本質，因為愛情不能量化。太多時候，沒有誰對不起誰的問題，只有愛有多深，受就有多大？想通了，計較少了，情路才會轉憂為喜，樂觀看待了。

15 是真情還是寂寞打動妳？

網戀故事

幾年前在網路上讀到一個女網友的故事。她已婚，先生在外地工作，並非常年在家，寂寞人妻就常靠著上網和先生聯繫，當然，當先生忙碌時，一些線上認識的網友就成了陪她打發孤寂的伴了。人妻緊守著只聊天不約見的守則，她自知已為人妻，在交友上必須過濾與謹慎。一位名單中的男網友知道她的婚姻狀況，同時也從長期的問候中與接觸中，陸續得悉人妻更多的相關資料。從而使得他對人妻的噓寒問暖更為深入心坎。人熟了，話多了，感覺就深了。

有幾回確實深感孤單，尤其在情人節或是生日的日子，儘管習慣老公不常在身邊，但總不免心情有些低落。已從線上聊天中得知人妻大概的住處區域，也知道了她的生日。就在生日這一天，男網友上線祝賀，也希望能親自當面幫她慶生，不為別的目的，只為了給熟悉的朋友溫暖的祝福。人妻依舊感謝其好意，也婉拒了見面邀請，這是不能撤守的底線。離線後，面對一個人的生日，那種落寞感頓時強湧，百般無奈地呆視窗外。

沒多久電腦又發出信號，男網友又在線上呼喊她，「嗨，我知道妳一定很寂寞，難得生日總要小小慶祝一下。我買了碗很有名的牛肉麵，還熱呼呼地，就在妳家附近的公園。我想親自送給妳。」男網友從手機發訊告知。儘管從未透露住家地址，但大致的住區早已得知，而出自友善的熱騰騰牛肉麵，讓寂寞卻深受感動的人妻終於勉強現身接受生日禮物了。或許妳猜到了，兩人既然見面了，有一就有二，不知不覺地，兩人就發展出地下的感情了。

寫這篇網路故事的當事人，這位人妻想說的是，她對男網友沒有期待，也壓根沒想過出軌，但她的結論是，或許是寂寞吞噬了理智……

心理學辯論

是因為感動而戀愛，還是因為寂寞而戀愛。這真是愛情心理的大辯證。兩者的差別在於，前者是動了真情，有了戀愛感覺，後者則是害怕孤單，所以想儘早進入兩人世界。

芝加哥大學心理學家卡西奧普〈John Cacioppo〉是知名領導寂寞研究的專家，曾經著有《Loneliness: Human Nature and the Need for Social Connection》。他常被引述的一項結論是：「一旦人們變得孤單，便會被擠到社交網絡的邊緣。使得原本朋友就不多的人，會進一步失去僅存的社會連結，從而將使我們的社會結構從邊緣分崩離析。」僅對孤單個人來說，這一結論無非指的是，越孤單，只會越寂寞。一旦淪落在社交網絡的邊緣，偶然出現的召喚聲音，自然便彌足珍貴了起來。

我們會以為，所謂的烈女怕纏郎，可能是被其鍥而不捨的精神感動，於是接受了追求；但更大的可能是肇因於趁虛而入，正因為對方此時寂寞空虛，身旁無伴，因此湊合看看的心理不小心就湊合了一段感情與姻緣。

關於愛情

無聊與寂寞，堪稱是世間最積極的「好事者」，有太多事物的誕生，要拜無聊與寂寞所賜。當然也包括好事在內。正因為耐不住寂寞，因為受不了孤伶伶的一人，於是我們的心蠢蠢欲動，傾向試試也好，一試成主顧的現象就同樣出現在愛情裡了。孤獨是難耐，但因孤獨做了非理智的抉擇，反而更孤獨了。美國已逝的女作家Mary Ann Shaffer就說：「我想不出有什麼比將我的餘生花在一個說不上話的人身上，還更寂寞的事情了，或許更糟的，是和一位不能讓我保持沉默的人生活。」想說，或想沉默時，伴侶都不能配合，或許真的是婚戀中最寂寞的感受了。

多接觸、多嘗試當然是提升戀愛機會的必要，但得想清楚，自己是因為被對方感動？還是耐不住寂寞所以妄動？**因寂寞而戀愛，真戀愛後，反可能變寂寞了**。馬克吐溫或許早已道出人性：「The worst loneliness is to not be comfortable with yourself.」無力和自己好好共處，真是最糟的寂寞，也是愛情盲目而跌跤的根因。

Chapter 3
愛在雲深處

01

千萬別學弗侯洛

鐘樓怪人

法國大文豪雨果〈Victor Hugo〉撰寫的著名小說《鐘樓怪人》，是一個充滿人性糾葛愛戀的故事。

這部寫於一八三〇年的浪漫主義代表作品，敘事場景發生在十五世紀的法國巴黎聖母院，副主教弗侯洛〈Frollo〉見到吉普賽女郎愛絲梅拉達〈Esmeralda〉跳舞而起凡心，立即產生傾慕，便動念籌謀將愛絲梅拉達佔為己有。於是，竟要讓聖母院裡的撞鐘人〈即是鐘樓怪人〉，也是他所收養的科西莫多〈Quasimodo〉劫持她。結果侍衛隊長菲比斯救下了愛絲梅拉達，抓住了科西莫多。他把科西莫多帶到廣場上鞭笞，善良的愛絲梅拉達以德報怨，反善意送水給科西莫多喝。雖然科西莫多行貌醜陋，但有一顆善良的心，他非常感激愛絲梅拉達，也因此愛上了愛絲梅拉達，從而保護著她的安全。

純真的愛絲梅拉達對出手相救的隊長菲比斯產生情愫，兩人約會時，弗侯洛竟尾隨跟蹤，出於嫉妒，他用刀刺傷了菲比斯。故事中，弗侯洛數度求愛遭拒，不僅對女主角由愛生恨、為她傷害別人，又嫁禍於她，最後甚至因愛絲梅拉達再度拒絕她的威脅求愛，惱怒至極的弗侯洛交出了愛絲梅拉達的行蹤，而使得她慘遭絞刑香消玉殞……。當科西莫多發現養育他多年的副主教弗侯洛竟是害死愛絲梅拉達的兇手時，在憤恨痛苦掙扎下，科西莫多把弗侯洛從聖母院猛力擲下。

一位是養育他多年的副主教，一位則是他愛慕的女性，但沒有著落的愛，不得善終的結局，也讓這部小說成為正反兩面的人性教材。

由愛生恨

鐘樓怪人全劇就圍繞在副主教、侍衛隊長、遊唱詩人，當然還有主角鐘樓怪人之間的情感糾纏。副主教的角色反映的是兩性世界裡，屢見不鮮地因為愛不到，也不想讓別人得到的詛咒心理。而這正是愛情悲劇產生的最大原因。

得不到愛，為什麼產生詛咒心理，而不是大方的祝福心理？由愛生恨是結論式的答案，更深層的心理成因分析之一是，當事人會認為自己投入深，付出程度高，潛意識認知只有自己的濃厚愛意才值得擁有對方，其他競爭對手的付出絕對不及自己的萬一，就在「我是全世界最愛妳的人」心理下，面對了郎有情妹無意的對待，內心失落感之沉重，無法平衡的心理就容易導致負面的激烈行為。

關於愛情

許多感情失落的人，不時出現試圖以報復代替祝福的念頭，倘若真形成過激不理性的行為，往往造成無法挽回的悲劇。一旦有報復心態徵兆，就要將之列為恐怖情人，必須設法規避，避免造成自身傷害。任何因為求愛，而折射出的極端心態，都是危險且反而壞事的。自己得不到，也不讓別人得到，自私的愛情心態，常會被自己誤認是專情與深情。然而，任何不懂得祝福以及尊重的追求，都是愛情的殺手，這是每個戀愛中的男女都必須修練的人性課程。

02 玉女的愛情

玉女之戀

一位資深影視玉女未婚前，感情世界深受關注。飄逸的長髮，清新脫俗的氣質，難自棄的天生麗質，以及拍攝唯美愛情電影的賣座，不僅讓她一躍成為影視圈的頭牌紅星，更是美女代表人物，也使得她的感情世界備受關注。

幾位知名的男明星和她偶有戀情傳出，但多數人心中匹配她的白馬王子，早有最多的公認與祝福。男明星外型絕佳，儒雅斯文，但當時因為已婚，所以他和玉女明星的戀情走得顛簸辛苦，也引來不少爭議。但守得雲開見月明，多年後，男明星與妻子離婚，正式與玉女的戀情公開化，多年苦戀眼看終將修成正果，也獲得廣大影迷的祝福，影壇佳話即將再添一章，更是愛情電影美麗神話的幻夢成真。

孰料沒多久，兩人漸行漸遠，後來女星更傳出與富豪結婚的消息，既震驚了影視媒體圈，也讓廣大的一路看著他們戀情發展的粉絲大感詫異。十幾年走下來的感情，多少風雨的焠鍊，既已排除萬難，最後卻落得回首向來蕭瑟處，也無風雨也無晴般的淡然與雲煙過往。

船過無痕

猶記當年女星傳出結婚消息，但情郎不是俊帥的男明星後，一位女性友人感嘆地說了句：「看來，還是麵包重於愛情。」我當時想著，電影明星收入頗豐，兩人多年從影下來，賺下的錢也夠豐衣足食後半生了。有了愛情正果，不虞人生吃穿，這不是千萬女人夢寐以求的企盼嗎？富豪再有天大的財富，能比得上兩人風雨彌堅的金石情感嗎？感情怎能船過無痕呢？我心裡打了好大的問號。「富有程度是不同的，比方說，富豪可以不眨眼地送棟房子，但電影明星的富有也不到這樣的程度。從生活物質層次相比，還是落差很大的。」朋友這麼說。

心理成因

我當時嘗試著剖析原因，我不傾向認為是財富打動玉女明星，因為從各種相關報導，女星並非是愛慕虛榮的人，否則當年追求她的富豪多如過江之鯽，而她心中早有所屬，依然苦守著心上人。

那麼，有一種可能是來自男明星的心理，而這種心理也是許多戀愛中的男女經常出現的行為投射。愛情常有兩種追求心理的極端趨向，第一種是屬於「**捨我其誰**」，非得搶到手不可，上一篇的弗侯洛就是這類的代表人物；另外一種則是「**成功不必在我**」，這種典型是，雖然相信自己是最愛對方的人，有滿滿一百分的愛意，但能力上倘若只能給心愛對象七〇分的幸福條件，由其當這時若有強力競爭的第三者出現，可以給高於七〇分的幸福〈即若此人並不如他對女方的情真意切〉，某種情境下〈例如兩人爭吵，心情低潮〉，他會為了條件上的幸福遜色而願意退讓，原因就是深愛對方，希望她能過最好的日子。

這一心態看似偉大，其實滿分的物質條件未必能換得愛情幸福，女方的未來人生也未必能真如他意。然而，在許多細微的相處上，加上競爭者的積極，久而久之，採取退守消極的一方可能就漸漸不利了。不是玉女愛慕虛榮，或是競爭者太過優勢，而是男明星的消極，讓感情的結局有了變化。

關於愛情

很多年後，一些真相陸續報導。金童玉女的情變，有一說是，女方想走入家庭，希望成家了。但男方可能有過婚姻，認為婚姻不過是形式，於是便維持現狀。兩人的觀念歧異，加上傾慕玉女的富豪誠心打動，而有了今天的結果。

和上一篇相較，弗侯洛是積極的強占心態，而這篇的男明星則可能是消極被動的退卻心態。歸結來說，其實強占與退卻同樣是基於「愛人」的心理，但如傳統智慧所說，過猶不及均有可慮之處。唯一的比評好處是，後者畢竟不會變成如弗侯洛般的恐怖情人，這倒是遠勝前者的慶幸了。

04

執行長的愛情投資學

朋友轉來了一封信，如下，不知真假，但有些分析的況味：

美國有個年輕貌美的女孩，在一個熱門的網路論壇裡，發表了下面這帖：

愛情的問與答

Q ▶ 我怎樣才能嫁個有錢人？

致論壇諸位：

我下面要說的，都是肺腑之言。本人今年二十五歲，非常漂亮。談吐文雅、有品味，我想嫁給一個年薪五十萬以上的人，你也許會說我貪心。

這個版上，有年薪超過五十萬美元的人嗎？你們都結婚了嗎？我想請教各位一個問題：怎樣，才能嫁給你們這樣的有錢人？我約會過的人當中，最有錢的，年薪是二十五萬，這似乎是我所及的上限。

一、有錢的單身漢，一般都會在哪裡消磨時光？〈請列出酒吧、飯店、健身房的名稱和詳細地址〉

二、我應該把目標，定在哪個年齡層？

三、為什麼有些富豪的妻子，看起來相貌平平？我見過有些女孩，長相如同白開水，毫無吸引人的地方，但她們卻能嫁入豪門。而單身酒吧裡那些迷死人的美女，卻運氣不佳。

四、你們是怎麼決定誰能做妻子，誰只能做女朋友的？〈我現在的目標是結婚〉

漂亮小姐留

A 下面是J.P.摩根的執行長回覆她的一則頗富哲理之回帖：

親愛的漂亮小姐：

我懷著極大的興趣，拜讀完貴帖。相信不少女士也跟妳有著類似的疑問，讓我以一個投資專家的身分，對妳的處境做番分析。我的年薪超過五十萬美元，符合妳的擇偶標準，所以請大家相信我，絕不是在這裡胡扯。

從生意人的角度來看，跟妳結婚，是個糟糕的經營決策，道理再明白不過，請聽我解釋，拋開細枝末節，妳所說的，其實是筆簡單的「財」、「貌」交易。

但是，這裡面，有個致命的問題，妳的美貌會消逝，但我的錢，卻不會無緣無故地減少，事實上，我的收入很可能會逐年遞增，而妳，卻不可能一年比一年漂亮；因此，從經濟學的角度而言，我是增值資產，而妳是貶值資產，不但貶值，而且是加速貶值。

如果它是妳僅有的資產，十年以後，妳的價值堪憂，用華爾街術語來說，每筆交易，都會有一個倉位跟妳交往，也算是種「交易倉位」〈trading position〉，一旦價值下跌，就要立即拋售，不宜長期持有；所以，妳想要的婚姻，自然也同樣適用這道理。這聽起來很殘酷，但對一件會加速貶值的資產，明智的選擇，是租賃，而不是購入。

年薪能超過五十萬美元的人，當然都不會是傻瓜。因此，我們只會跟妳交往，但不會跟妳結婚。

希望這回帖，對妳能有所助益。

J.P.摩根執行長留

青春形貌主義

我在上本著作中提到過，美國有一陣子出版了一種書，內容是指導女性如何邂逅有錢人。方法諸如，故意將自己開的一般國民車，甚或是腳踏車，刻意停靠在高檔名車的旁邊，目的很清楚：就是增加與有錢男人邂逅結識的機會。愛情，它的潛台詞是某種商業交換嗎？愛情至上的唯心論者肯定不以為然，嚴加駁斥。愛情至上論者，會對這類「青春形貌主義」的擇偶論嗤之以鼻，甚至大加撻伐，尤其是男性沙文主義主宰的愛情觀。但這些否定者都不否認的是，青春無價，「趁著最美的時候將自己嫁掉」，也就成為女人擇偶時不斷提醒自己的金科玉律。這是許多女性的觀念，也是有女待嫁的父母們很難違背的選婿黃金時間。此外，愛情的圓滿，似乎也脫離不了色相的條件。而若是唯物觀者，無疑地更會以各種金錢價值衡量人生的標準，當然包括自己在內。

關於愛情

妳問我：「愛情到底是唯心還是唯物？」我會回答：「心物合一」。細究起來，當僅以物質或價值來「出賣」愛情，「有價的愛情」就會有貶值的一天，一旦對方身價不再，薄弱的感情基礎就有崩塌落陷之虞。但純粹不顧一切，只求心心相印，不食人間煙火的愛情，誠然可貴，但貧賤夫妻百世哀的古訓，絕對警醒我們：物質一定程度支撐著愛情恆久的基礎。心物合一是要融入像J.P.摩根執行長的建議：「想辦法把自己變成一個年薪五十萬美元的人。這機率遠比碰到個有錢的笨蛋，要來得大些。」碰到的諮詢者，經常的問題正是因為財務撕破了臉，佳偶變怨偶。與其將改變人生命運的希望寄託在婚配有錢的男方，不如讓女人當自強，鼓勵自己成為有錢的女人。

當媒體經常出現女藝人嫁入豪門的報導時，台灣藝人藍心湄就說：「我自己就是豪門。」能否嫁給高富帥，畢竟操之在天；但努力改變自己的經濟條件，可以操之在己。我絕對同意執行長的話：後者的機率要比前者高太多了。而對自己好，遠比期待別人對自己好，來得務實多了。

04 女比男會幻想

台灣新聞

有位輕熟年華的王姓女子透過手機微信軟體，邂逅自稱是服務警界，位居小隊長的男子。男子甚至吹噓是身負「守衛總統官邸」的要職，突顯工作的殊勝。妙的是，王姓女子只用手機與對方聊天但未曾謀面。但素未謀面並不影響王女的感情投入，陳的甜言蜜語打動了她。尤其，男方以視訊，讓王女看到類似警察局的背景，畫面裡有許多穿制服的員警進進出出，電話響個不停。接下來，就以「要出勤了」切斷視訊，讓王女深信不疑。

是的，所有的詐騙故事都是不同的情節，卻是相同的下場，一旦取得信任後，就是騙財的開始。男方陸續以「家人生病」、「辦案要給線民安家費」、「辦案惹上官司要和解」等藉口，向王女借走兩百多萬元台幣。男方為了不出面，還虛設了一位陳姓友人，請王女將錢交予陳男，當然同樣的老伎倆，陳男一人分飾兩角，陳男根本就是他自己假扮，兩人見面十次，王女均未識破。

兩人通聯數月後，不曾和對方見面的王女搭車北上，有意到警局探望男友。警局人員一頭霧水，該單位根本無此人。王女這才驚覺受到詐騙。

純愛理論

台灣知名的主持人陶晶瑩小姐曾說過：「女人一談戀愛就低能。」這話說得似乎一語穿心，雖感慨卻真切地將女人與愛情的相對強弱，呈覽的無所遁形。一般常識、基本防備，似乎當愛情來臨時，就完全自動撤防，起不了保護自己的作用。於是，有多少寫不完的「男蟲利用帥哥照大獻殷勤」的報導，就有多少數不盡的「終於發現真愛卻真相破滅」的故事女主角，遭遇不堪的感情出賣。

女人遇到愛情就變笨嗎？與其說變笨，不如說是變單純。心理諮商過程中，經常遇到醋海翻騰女子的告白，不論情節為何，她們會對任何摻雜進兩人世界的人事物，表現出極為負面的情緒，甚至是憤怒。「愛情的世界容不下一粒沙子」是每個女人都不陌生的經典名言，「一粒沙」的「純愛理論」，反推在前述的新聞事件，就是：愛情遮蔽了一切的眼界。從心理的演變來說，只要愛情出現，女人的心眼會變得單純而執著，隨之而來的，就是對許多旁騖視而不見，充耳不聞。

外人常不理解當局者的女性何以明擺著的事實，卻這麼輕易身陷愛情的騙局中。對此，**心理學研究曾有過探討，究竟女人是「喜歡某人」的感覺，還是其實只是「喜歡戀愛」的感覺？**也就是，當自認為的愛情降臨，白馬王子現身，就會急著享受無可取代的戀愛美好感覺，至於對象的品格考究，反而經常忽略了。順著這個說法，從而就出現了女人喜歡幻想，卻疏於務實考核對象的一般印象了。愛情的發生常是所謂的「趁虛而入」，可見愛情很可能是出於排遣寂寞與無聊而發生的產物。

關於愛情

愛情要圓滿，我鼓勵要勇於追求，但當可能的愛情出現，真要捫心自問：是喜歡戀愛的感覺，還是真喜歡對方的人格特質？如果只是前者的貪戀，不免就易陷迷思幻想容易識人不明，導致美夢破碎。

真實世界中，騎著白馬翩然出現的英俊王子，拯救女孩的夢幻情節不容易出現；但是懷抱灰姑娘情結，等著麻雀變鳳凰戲碼上演的女孩，卻所在多有。這就解釋了此類新聞層出不窮的原因了，當妳「愛愛情」，比「愛對方」多，就容易情路出錯，我的提醒是：愛自己多一點，當愛自己更多，小心程度就會提高，就不會那麼輕易交出自己，情海生波了。

05

愛情，當東方遇到西方

異國戀情

我在德國時，有位來此唸書的中國女孩的朋友。她特殊的東方面孔在校園中顯得與眾不同，神秘的東方氣質令許多男性同學大為傾倒，追求者眾。結果，一位幸運的德國男孩雀屏中選，中國女孩接受了他的追求，成為認可的男朋友。

愛情是有進度的、愛情是有層次的，一旦中國女孩認可了對方，自然心理的親疏程度與互動關係便有了不同。體貼的她會親膩地陪著男方在圖書館唸書，會在大考時，巧手烹飪中國菜來慰勞辛苦唸書的男友。不消說，同學都非常羨慕這位德國男孩的幸運，能蒙美女的青睞。中國女孩的專情與溫柔，倒也似乎有了歸處，在修課之餘，愛情也有了歸宿，令人稱羨。但漸漸地，德國男孩似乎開始疏遠了中國女孩，偶爾可見德國男孩一臉不悅，或是生著女孩的氣，而女孩卻莫名奇妙地不明所以。

男孩的朋友們也開始議論紛紛，有不少的時候是數落女孩的不是。女孩移情別戀嗎？沒有。男孩另結新歡，也不是。兩人話不投機嗎？更說不上。女孩就是搞不清楚發生了什麼事情？

觀念歧異

漸漸地，中國女孩才弄懂究竟何因。原來是「戀愛觀念」認知不同。什麼是戀愛觀念認知不同呢？用個例子說明就清楚了，中國女孩接受了對方為男友之後，開始了東方女性特有的溫柔體貼，這些形之在外的美德，都是從小耳濡目染的相處觀念，就是要求自己盡量對另一半好，盡量無微不至地體貼與照護對方的生活細節，除了噓寒問暖外，甚至在生活的每個層面都要想到對方。這位女孩也不例外，完全做到傳統中國女性的細膩與體貼，甚至在休假時還會到男方的租賃小屋努力打掃，徹頭徹尾打點他的住家起居環境，想給男友一個驚喜。

但自以為體貼的中國女孩，卻觸碰到了西方人的隱私觀念。東方女孩認為到男友家中打掃是愛情進一步的親暱表現；但西方男孩會認為，雖然你是我的女友，但妳怎麼可以隨意進入我的房間，尤其趁我不在時，堂而皇之地介入了我的私生活？男友的朋友們也與他看法一致，讓女孩所為吃力不討好。她漸漸才知道，原來當東方遇到西方，戀愛的互動有多麼不同？

愛的雙輪

「老師，這是特例，我的男友是同胞，不會發生這種事情的。」「對呀，這些男人巴不得我每天替他打掃房子，好圖個輕鬆。」我多次在課堂上舉這個例子，學員們都會有類似的回應。他們的反應固然是一部份的事實，但須特別點出的是，這個例子有值得借鏡與提醒自己的地方。

愛情的發展進度，隨著時間與關係自然有所不同，難處是，如何拿捏彼此的認知？一旦成為生命伴侶，是否就意味著要放棄自我的隱私權，好證明愛情的專屬程度。矛盾的是，有些人確實藉開放私領域來印證自己的愛情，但更有人藉由對方能給予自己多少的隱私空間，象徵尊重自己幾分，來印證能否長久相處？

我喜歡用的一種比喻是：相愛，宛若兩個輪子，儘管兩個輪子隨著生命方向同進同退，步調一致，但兩個輪子仍必須保有距離，才能行車平安，行之久遠。所以例子不是專屬異國戀情的情況，而是值得援引為相處的思索。

關於愛情

相愛容易，相處難。是許多愛情局中人的感慨，但完全重疊的兩人，只會讓愛情累人，而不可人了。愛情有一項不變的經典智慧是：適度距離，不是疏遠；而是舒適與相容。表現愛，除了介入對方生活，別忘了，還可以留給對方空間，證明自己的尊重

06

戲劇沒演的《鳳求凰》

鳳求凰

傳統戲曲有一齣經典戲目《鳳求凰》，說的是司馬相如和卓文君動人的愛情故事。司馬相如是西漢辭賦家，卓文君則是四川臨邛的首富之女，才貌兼備，追求者眾。才華洋溢的司馬相如赴宴卓家時，彈奏一曲《鳳求凰》吸引了佳人的注意，早就拜讀過司馬相如大作《子虛賦》、聽聞大名、仰慕其縱橫才氣的卓文君，便決意與司馬相如私奔。這段故事，可能是中國歷史上最家喻戶曉著名的私奔佳話，尤其是一名貌美富家女與不甚得志的才子結合，更符合情愛無價的想像，平添了故事的浪漫與美麗。

如同許多私奔故事的情節，得不到家裡祝福的富家女為愛出走後，立即變為清貧女，生活所逼下，得拋頭露面大街賣酒，這才使得娘家出手援助。戲劇到此，完全符合賣座元素，佳人為愛走天涯，不得家人支持，執意認定才子是一生牽手的生命伴侶。而轉貧後的楚楚可憐，終於逼得富有娘家不忍施援，尤其才子日後果然平步青雲，證明佳人眼光正確，於是，從此幸福美滿的日子，那是自不待言了。但戲劇畢竟是戲劇。

浪漫背後的真相

愛情一旦脫離了愛情的層面，就不免落入凡間，開始面臨柴米油鹽，乃至感情生變的風險。是金子總會發光的，司馬相如的才氣還是得到了皇帝的賞識，開始順遂的仕途。尤其，他以一篇《長門賦》，讓被漢武帝打入冷宮的陳阿嬌，特地將姪女許配給司馬相如。

有個藝人說過一句名言：「**小別勝新婚，大別就離婚。**」時空本來就是愛情的殺手，分隔兩地的司馬相如與卓文君同樣會有愛情生變的風險，同時加上另有仰慕者的加入，夫妻情愛早已隱隱生變，司馬相如寫了封信，上頭有句話是：「一二三四五六七八九十百千萬」。看懂了嗎？文人喜歡繞著彎說話，意此言他，打起啞謎。

但卓文君很清楚知道，一排數字卻唯獨缺了「億」。是的，「億」就是「憶」。不再思憶的感情，明白告訴卓文君，情分已經今非昔比了。既是匹配的才子佳人，也得高來高去，婉轉表達內心的聲音。以詩相回的卓文君寫的是：「郎君兮，盼祇盼，下一世你為女來，我為男。」歷史上說，**司馬相如最終是回心轉意了。但，與全天下所有處境**

相同的女性朋友一樣，當初的為愛執著，後來落得感情生變，琵琶別抱，中間的心理糾葛與失落，甚至自我懷疑與否定，哪裡是可以輕易一筆帶過的呢？

關於愛情

陽光的背後一定有陰影，美滿的表相，往往只是戲劇呈演的局部，沒有演出來的生活瑣碎以及相處考驗，才是真實的人生。說這個故事，是因為太多的婚姻或是戀愛不圓滿者，總是大惑不解地問：「怎麼當年的那個他，讓自己死心蹋地、認定不移的靈魂伴侶，今天竟然移情別戀、而且不留情面？」很多名人或藝人都說了句大受訾議的名言：「犯了全天下男人都會犯的錯」，彷若意指，天下烏鴉一般黑，是男人就會偷腥。這句話說得武斷且偏執，但要確認自己的愛情是否堅貞可靠，標準不在於初時的動人與浪漫，而在長時的互信與承諾。愛情是人生最大的風險與賭注之一，往往要到地老天荒，才知道下注的答案。

07

當「女孩」變成「女……唉」

女人的演化

作家李敖說過：「前妻是最可怕的動物。」這話或許說得令許多婦女忿忿不平，似乎污名化了離婚的女性。但也許跟這位作家同樣離過婚的男性，卻可能「大聲叫好」，因為形容到他們的心坎裡了。

前妻未離婚前，一定經歷過甜蜜的階段，隨著時光流逝，生活的洗鍊，彼此的愈加了解，兩人開始有了嫌隙，也出現裂痕與觀念歧異，男人眼裡，最初的小女孩不知何時長大了，不僅外貌有了變化，連內心都開始變得陌生。漸漸地，單純可人的伴侶突然變得動輒據理力爭，音浪逼人，不可理喻，甚至忍無可忍的情況下，婚姻就成了過去式。

有回在課堂上，我問大家對婚前婚後的差異觀察，一位男性學員的回答是，**「從愛情到婚姻，就是從『女孩』變成『女……唉』」**。話很刻薄，卻是他的認真回答，也是他多年來對夫妻婚姻的經營感想，而這無疑是一個很努力經營婚姻卻屢屢受挫的男人感嘆，女人的演化完全超出他的理解與想像。

達人的觀念

會變的，當然也包括男性。女人同樣也會發出「『男孩』變成『男……唉』」的喟嘆。她們同樣不理解的是，當年理想中的老公怎麼如今看來一無是處？有個笑話說，**婚前是「看上眼」；爾後離婚，就說「看走眼」；婚前，愛情是神話；婚後，愛情是笑話，甚至是謊話**。兩性相處，彼此彼此，發現不對勁了，總會悔不當初，今是而昨非。

男女都會「演化」，因為沒有人是不會變的，只是程度差異而已。演化，可能是退步，也可能是進步，要期許婚姻中的兩人朝著「演進」而邁步。如果變的，仍屬合理的可接受範圍，那麼包容與理解，就是自我「演進」的生活訓練。在兩性心理學裡，特別講究的就是：包容與理解。因為沒有任何的對象是標準化的模子，永永遠遠符合自己的想法，必須要理解與包容，才能精進相處的哲學。

女人感性、情緒多元細膩，這是男女差異的公論。所以男性要體諒女性的特質，甚至要正面看待女性展現的多元風貌。接受了，歧異與爭執就少了。另外一位我課堂上的男學員曾經分享他的婚姻成功之道，他笑著這麼說：**「女人不需懂，只要寵；女人不需理，只要哄；女人不需錢，只要愛。」**別誤會，他說得不是「愚妻主義」、好像非理性的瞞騙伴侶，只求相安無事就好。而是，他深諳尊重與寵愛女性的相處之道。每一對婚姻經營成功的夫妻，被問到成功之道，多數人的回答，無非是：「包容、體諒、不愉快少說兩句，忍一下就過去了。」前人的智慧，說的再清楚不過了，不讓婚姻成為過去式徒留遺憾，這堂智慧課就非上不可了。

關於愛情

和女人相處的哲學是什麼呢？很多男性總大惑不解，甚至屢做屢錯。好像做什麼都不和女方的意，老有扞格，老起爭議。其實，你當然可以講道理，你當然可以今昔對比，質疑女方的善變，但對關係的和諧通常沒有幫助。就如我給發出「從『女孩』變成『女……唉』」慨歎的男學員的一個心得，也是給疑惑婚姻與愛情男性的一個小建議：一旦和女人認真，就輸了！

08

為何男女不成婚：反作用力

數字背後的意涵

鄰居七十五歲的王媽媽，有個早已過適婚年齡、且工作穩定的兒子。兒子有個女朋友交往七年，但至今未婚。並不是七年之癢作祟，因為兩人依然同屋而居。王媽媽擔心地問：「兒子，媽媽年紀大了，你到底什麼時候結婚？」孝順的兒子回說：「媽，結不結婚你別過問，一點都不重要，只要我快樂就好。」

現在不想結婚的人越來越多，原因不一而足，先看幾個數據，可以拼湊出一些樣貌：

美國皮尤研究中心公佈，數據顯示，有百分之三十九的人認為有沒有結婚已經不再那麼重要了，而美國人口調查卻又證實了這個數據，在十八歲以上的成人裡，願意接受婚姻的機率降至百分之五十二。顯見結婚率下降。

該研究中心的調查還指出，跟著單親或沒有結過婚的父母住在一起的小孩就有百分之二十九，這個數據只限十八歲以下的孩子，比往年增加了五到六倍，然而，跟著離婚父母的孩子只佔百分之十五，有百分之十四的孩子是跟著從來沒有結婚的父母。

婚姻觀

不婚現象在單身男女中蔓延，氛圍的形成已經是社會的重要趨向。有兩個面向可以解讀不婚現象的擴大：

第一，傳統的男女必須透過婚姻的完成，來取得愛情、親情、生兒育女繁衍的保障與權利。但在觀念開放以及經濟自主的今天，以上的生命所需都可繞過婚姻獨立完成。**婚姻的重要性，從功能上來說就今非昔比了。**簡單說，現今人們認為組建家庭不一定需要婚姻來擔保，在一九七八年的數據指出，只有百分之二十八，現在攀升至百分之三十九，這表示還有絕大多數的人認為婚姻依然有它存在的重要性及意義，但它不再是組建家庭生活的一切，因為有很多方式會比走入婚姻的方式還來的好，端看自己選擇哪種方式，約翰．霍普金斯大學社會學和公共政策教授徹林就有類似的看法。例如，還有份調查曾指出，有五分之四的人認為無婚生子是可以被接受的。

第二，負面示範太多：幾年前，我在搬家時候曾到家具行選購家具。熱心的老闆還有意將他店裡的熟客小孩介紹給我。聊著聊著，他說道：「這位熟客還有位女兒在銀行工作，怪的是，行內十位女性同事，有七個結婚，卻全部離婚。嚇的她女兒不敢在就業該行時結婚。」

稍微留心一下就發現，許多時下年輕人，因接觸的人當中，包括親戚朋友，不少都出現婚姻離異或不婚的人，潛移默化下，造成他們對婚姻的拒絕性、不定感、甚至是看壞度都增加。這是婚戀心理學上同樣具有的「寒蟬效應」，意即：有樣學樣、也害怕步入同樣的離婚宿命，得不償失。

關於愛情

當然，也有很多人是因為經濟狀況不佳，認為走入婚姻是讓自己的包袱更沉重，以至於逃避婚姻。當這些主客觀因素出現，於是造就了不婚族驟增的社會現象。社會的解構，出現了組建一個家庭不一定經過婚姻來完成的潛意識，使得婚姻的基礎與驅動力就開始鬆動了。但對於煩惱著子女不婚的父母來說，倒是先做榜樣，避免出現負面示範，若自己的婚姻不佳，甚至是離異的狀況，那麼「身教」的影響肯定大於「言教」的催婚了。太多婚姻經營不理想的父母，他們沒想到的是，承受婚姻不幸反作用力的，除了自己，還有下一代的子女！

09

承諾

野花務實，家花務虛？

一位女性嫁夫二十年，教育一對子女十分優秀，人妻與人母角色皆扮演的十分稱職。但二十年來，先生外遇不斷，從大學就結識的兩人，自然感情基礎不在話下，只是男方非常花心，風流韻事沒有停過，女方不僅知情，甚至經常氣攻心頭、常與先生理論爭執，甚至鬧到兩家成員出動，數不清的次數徘徊在離婚的邊緣。可男方總是說：「妳和我結識這麼久，今生有緣結成夫妻，我再花，都不會讓外面的女人進門」，「妳在我的生命裡是無可取代的」，「即使離了婚，我也不會讓其他女人變成合法的妻子。」說這話的先生表情並沒有絲毫悔意，反而比較像是婚前剖心挖肺的山盟告白。理直氣壯地告訴老婆，他的「無可取代」承諾從來沒有變質過。

標準，不標準

「女人的眼裡容不下一粒沙子」，女人是專情的、是善嫉的、是不能容忍另一半與人分享的，這些都是我們熟知的女人特質，然而情勢會變，通則也會有例外的時候，就如上述案例的時刻。

女人有時心理很奇妙，被先生賦予的「無可取代」定位角色，彷若贏得了與其他小三的愛情戰爭，就像這位女性，也是我的一位學員，久而久之，鬧的少了、習慣睜一隻眼閉一隻眼，甚至當熟識兩人的共同朋友，都覺得男方賊性不改時，質疑她的容忍何以至此時，她反而有點驕傲的說：「那些外面的野女人，永遠也別想取代我的地位。他再花，還不致讓其他女人威脅我的地位。」

我們有一種說法是「輸家的勝利感」，經常是形容，嚴格而論，已經失去了重要籌碼、實際上已經輸了的輸家，卻緊抓著一種「標準」，來證明自己其實沒有輸。就像這位學員，隨著丈夫不斷的催眠，讓自己深信底限並沒有失守，丈夫的「人」雖然經常在別的女人那裡，但是丈夫的「心」可是停駐在原有的承諾裡，以為最後的堡壘仍然牢不可破，藉此自我安慰。在漸漸找到自我療癒的藉口地同時，也找到了姑息對方的說詞，花心丈夫自然更容易成為慣犯，愛的路上頻頻出軌了。

「無可取代的地位」，其實是無可取代的謊言，女人輕信了最廉價的承諾，其實這只是男方的一種話術，誤以為只要最後的籌碼仍緊握在自己手中，其他都是等而次之的「小損」，包括與其他女人共享枕邊人。

正宮與小三，究竟是名義之爭、還是實務之爭，才是思索兩人相處的關鍵。也許小三只是過客，自己才是名正言順的主人，但是否反客為主，不在於先生的承諾，而在於實況的演變，小三扶正的情節從來沒有少過，當「務虛心理」的女人從空洞的託詞獲得差堪告慰的滿足，充其量不過是阿Q式的精神勝利法，失去了警醒、就像溫水煮青蛙，結局不免令人擔憂了。

或許可說：「野花務實，家花務虛。」這是我常提醒女性朋友的判斷標準之一，要確定自己要的是什麼？而要的東西，又是否真能穩靠？想不清楚，女人就便宜了使壞的伴侶，徒留自己傷心了。

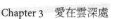

10

多芬告訴女人的事

多芬廣告

一位台灣資深的媒體人在報紙引述了一則廣告。推出廣告的廠商是世界知名的清潔品牌多芬〈DOVE〉。內容是：一位受過聯邦調查局〈FBI〉訓練的繪圖師，背對著一位女性，先聽這位女性描述自己的長相，然後據以畫出肖像後，再聽其他人形容該名女性的模樣，再據以畫出另一張圖。然後將兩圖相比較，結果顯示的是，每位女性認知中的自己，都比別人眼中的醜。多芬廣告的主題是「畫出真正的美」〈Real Beauty Sketches〉，提醒所有女性，「**妳比妳想的更美麗**」，這則廣告引發了不小的共鳴，已經有數百萬次的點閱率。

從二〇〇五年起，多芬就以「真正的美麗」為宣傳主題，因為該公司研究發現，只有百分之四的女性認為自己是美麗的。有了這樣的結論，顯示出女性多半欠缺外貌的自信，精明的商家當然知道要擄獲女人的心，就是要對症下藥，努力讓女性消費者感覺良好，才能獲得芳心，成功掏取女人的腰包。

於是，多芬不以常見的美女作為模特兒，反而以「同理心」為突破口，經常選擇素人作為廣告模特兒，不管是皺紋爬滿臉、遍佈著雀斑，甚或者臃腫的胖女人都是廣告的代言人，相同的是，這些樣貌平常，甚至完全不符合世俗審美觀的女孩，都在看板上露出自信愉快的笑容。

是的，如果這些貌不驚人的女性都擁有開朗的笑容，那麼就暗示了中等姿色的女性，有什麼好不滿意自己的長相呢？彷彿是暗示的作用，一旦女性消費者感受到了肯定，就更認同品牌掏出荷包了。

求全心理學

外人看自己，與自己看自己，其實差異是很大的，我們傾向將自己的缺點放大，卻忽略了其他的優點，於是「**只計一點，不計其餘**」，就折損了對自己容貌的正面認知。就如，許多年輕貌美、青春正盛的妙齡女孩，只因為臉上冒了兩顆痘痘，就自認為自己很醜，嚷嚷成天大的事兒，但在他人的眼裡，其實可能不僅毫無減分，反而平添了青春的氣息。從不完美的角度觀之，當然永遠會嫌棄自己的缺點，但實際上，只要拋開力求完美無瑕的「求全心理」，每個女人都有美麗的地方。所以，**多芬廣告提醒的正是：妳比自己認為的，其實美多了。**

關於愛情

只有百分之四的女性認為自己是美麗的，另外如果進入多芬的台灣首頁，上面還有著其他調查數據：只有百分之十二的女性非常滿意自己的外在吸引力；只有百分之二的女性願意以美麗形容自己。

這些數據都意謂著絕大多數的女性並不滿意自己的長相，從而也說明了何以整型產業如此蓬勃的根因。「不滿意」的心理投射，就是欠缺自信，從而就減損了自己的光采。心理學原本就有所謂的心理暗示，當信心充滿，無論男女，都會英俊美麗增加三分，反之，就容易自怨自艾。愛情與自信有關，自信與外型有關，處世的哲學是：「人生不如意事十之八九，所以要常思一二。」同樣的正面思考，多想想自己擁有的優點，那麼沒有一個女人是醜的，只是還沒發掘自己的美麗而已。

多想想自己擁有的優點，
沒有一個女人是醜的，
只是還沒發掘出自己的美麗。

11

家暴還是家醜？

小三的復仇

美國有一家知名大型企業的執行長，外遇多年。後來因自己的地位越爬越高，開始警覺負面的消息可能會有礙自己的仕途，於是有意與情婦分道揚鑣。但對情婦來說，多年的感情怎堪付諸東流，於是她斥下鉅資，買下街頭幾處知名大樓的巨幅看板，然後將這幾年來與執行長親密出遊的合影照片放大，高懸張貼在看板上。執行長是知名人士，這一曝光，無疑顏面大失，幾無辯駁機會。情婦藉此出糗模式，替自己出了一口被甩的悶氣。

名女人的遭遇

有位台灣知名女性因先生長期對她家暴，導致身心重創，在結婚九年後，終於鼓起勇氣、說服自己提出離婚訴訟，並且願意上節目分享晦暗陰霾的九年痛苦歲月。

據她描述的不堪，老公不僅在她懷孕後即開始外遇、找小三，且情緒不佳時就對其拳打腳踢，甚至以枕頭強壓她口鼻，以致差點窒息而亡。也小有知名度的男方不僅是基督徒，且當初在女方一度事業受挫時期，不離不棄陪在身旁，終於贏得美人歸。孰料婚後不久即感情變調，但拖了九年女方才鼓起勇氣勇敢離婚。

女方外型搶眼美麗，且有留美資歷，更一度是電視媒體的常客，看似西方作風、且有主見的形象，卻隱忍在暴力的關係中長達九年獨自哭泣。當事情爆發，旁人都不可思議、百般不解？何以願意委曲求全在惡劣且危險的關係裡？

女人的隱諱心理

女人有種奇妙心理，這一心理，或許名女人更常見。那就是將夫妻關係的不睦，甚或嚴重到家暴程度的互動，視之為「家醜」。

善良女人是許多壞男人出事時的遮羞布，是遭逢人生低潮的重要浮木。隨時可見的是，太多的男性，尤其是有名氣的男性，一旦有了醜聞或誹聞，就會拉著老婆陪在身旁開著記者會。接過麥克風的老婆就會心疼的說：「我相信自己的老公，我永遠支持他。」「患難見真情」，這時候不展現恩愛，更待何時？但心中的哀怨旁白可能是：「他一定背叛了我，還要我來陪他演這場情義相挺的大戲。」

無論相信與否，都讓女人似乎總選擇說服自己的作法，那就是相信與相挺。因此，違反恩愛形象法則的，都屬不可對人言者。於是，該面對的，選擇逃避，該分開的，選擇湊合。因為「家醜」不可外揚，一旦傳出，幸福就成了假象，再也不完美了。而實際上呢？幸福，早就是真相，只是鴕鳥心態矇蔽了該有的認知。

把該正視的家暴，以家醜詮釋。緊接的所有正確態度就會無法拿捏。家暴，或許是家醜，但為了遮掩隱諱的實況，代價就是得承受莫大的創痛與風險，就如上例，早該正視處理的兩人關係，卻多拖磨了九年之久。青春有限、人生無價，心態不改，就無由保護自己。這是女人一定要釐清的心態與觀念，一字之差，就是一念之差，怯於面對了。

順道一提，從男人角度，男人常想坐享齊人之福，尤其當自己的財力以及資源越多時，以為可以家花、野花兩邊風光，然而就如開頭的案例，男方一旦後悔抽腿，小三的復仇是無法預測與掌握的。愛情的經營之道——專情、認真、重承諾，依然千古不移。想左右逢源者，下場往往落得左支右絀，只能悔不當初了。

12

王菲與李亞鵬

家庭與傳奇

知名歌手王菲與藝人李亞鵬原是一對令人稱羨的銀色夫妻，孰料在結褵八年後卻簽署離婚。離婚原因引人好奇各有揣測，但婚姻畢竟是兩個人的私密事，外人無從置喙。在新聞熱點最高時，媒體報導李亞鵬微博上發表的聲明寫道：「愛妳如初，很遺憾，放手是我唯一所能為你做的。希望你現在是快樂的，我的高中女生。」並又引述李亞鵬談王菲的話說：「我要的是一個家庭，你卻註定是一個傳奇。」

當時外界多方揣測這對銀色夫妻仳離的真正原因。有一說甚至是王菲有意遁入空門出家。無論臆測為何，就這樣，兩人從此就「你有你的人生，而我有我的旅程」了。

愛情與佛法

在我個人上一本書出版後，一些朋友對我其中撰寫的一個故事很感興趣。那篇的題目是「**千般好Vs一點壞**」，文中我談到了愛情與佛法。

大意是：以優美的文字般若，翻譯《金剛經》而名留佛史的大法師鳩摩羅什，他的父親是印度的一位宰相，後來遁入空門，出家當了和尚。鳩摩羅什的母親則是當時的公主，看上了這位和尚，於是逼著他還俗。最後，兩人結婚生下了鳩摩羅什。

妙的是，沒想到這位公主日後深信佛法，決定出家。重返紅塵、且已經有妻小的宰相丈夫，當然不答應。覺得自己出家時，被逼著還俗，但自己結婚了，對方卻反而要出家了。

鳩摩羅什父母的情史，是一個可以有多元解讀面向的故事。但總不免讓期盼圓滿結局的人興起一種感嘆，那就是：對方的離去，往往讓你找不出道理、想不出理由，只是一個簡單「說法」，長年累積的情緣就此離散。

需要理論

王菲並沒有出家，但上述的新聞與佛教歷史的敘事，頗有深思的旨趣。在兩人世界中，什麼是最高的價值？或者說，更高的影響驅策力量是什麼？

亞伯拉罕．馬斯洛〈Abraham Harold Maslow，一九〇八～一九七〇〉是知名的心理學家，曾經發表著名並被廣為引用的《人類動機的理論》〈A Theory of Human Motivation Psychological Review〉。理論中提出了所謂的「需要層次論」。他把人類的需求依次由較低層次到較高層次，分成五類。分別是：⑴生理上的需要⑵安全上的需要⑶感情上的需要⑷尊重的需要⑸自我實現的需要。

前兩者屬於溫飽階段，接續兩者屬於小康階段；最後的「自我實現」則屬於富裕階段。在此需求已是最高層次的需要，泛指實現個人理想、抱負，發揮個人的能力，完成夢想與發揮能力的一切事物的需要。

關於愛情

愛情與婚姻無疑地是兩個人的事，結髮一輩子是圓滿，然而每個人對圓滿的定義不盡相同。如果愛情的本身也有五種需求層次，或許每個在婚姻危城裡的男男女女都要想想的是，在這段千年修得共枕眠的殊勝緣分裡，兩人有無營造出可讓彼此自我實現的環境與氛圍。抑或是，只顧著自己的舒適，卻讓對方心靈窒息，沒了呼吸喘氣的空間。自我實現，未必只是一個人的自我偏好，更可以是兩個人願望的共同實現，以及彼此的效力。別誤解了出家，那可能只是一方的心靈需要解脫，但解脫未必要出家。倘若，婚姻可以使自己與對方的最高需求層次都獲得圓滿，那就會是進入婚姻的最佳準備心態。

13

心理的輪迴：誰務實、誰務虛？

愛情故事

一則台灣的新聞報導，我節錄於後：

來自南非二十九歲的堤綺娜〈Hanna Tiakianan〉身著鄒族傳統服飾，臉上掛著燦爛的笑容，五年多年前她還是一名在嘉義教英文的老師。她在接受中央社專訪時談起與阿里山鄉來吉村的相遇時說，某次造訪阿里山突然迷路，當時完全不曉得返回市區的路程，不知不覺就到來吉村。

她指出：「有名婦女突然走向我，問我是不是迷路，還提供飲水」。這名婦人就是堤綺娜先生的阿姨，兩人變成好友，婦人便再次邀請堤綺娜造訪來吉村。一個星期後，堤綺娜再度拜訪來吉村，這名婦人帶她四處閒逛，認識當地村民與藝術家，當堤綺娜看到婦人的外甥時，突然「一見鍾情」，這名男子後來成為堤綺娜的先生。堤綺娜一年前與這名鄒族男子結婚。

她說：「我們相遇時，他不會說任何英文，無法交談」。堤綺娜當時固定每星期回來吉村教孩童英文，也教先生英文，還帶一本英文書讓先生自學。三、四個月後，她先生開始會說一點英文。

她說，她和先生慢慢開始可以溝通，「但愛的力量非常強，所以無需言語」。

兩人後來育有一子。堤綺娜留在當地教導孩童英文，並開始推動有機與綠色生活，開闢茶園、竹園，並種植有機蔬菜。

愛情的萬年命題

如果在愛情的世界裡，要選擇一道歷久不衰的萬年命題，那很可能是：「愛情與麵包孰重？你會如何選擇？」擇偶時，太多的親友、甚至自己的心裡總會有一道聲音大聲地警示你說：「別太夢幻、別太相信愛情。貧賤夫妻百事哀，還是實際些吧，務實比務虛重要。」言下之意，選擇愛情者是務虛者，選擇麵包者，才是識時務為俊傑的務實者。這種對「實與虛」的既定印象，在資本物慾時代幾乎是顛撲不破的認知。

心理輪迴

不妨回想一下，印象中，校園裡正值擇偶期的青澀男女，包括你的當年，多半是只要對眼喜歡就在一起了，根本不考慮其他因素。

但到了進入社會後，擇偶的標準開始複雜了起來，可能考慮的面向多了，美其名是成熟了，但也越來越讓自己面對愛情機會卻欲迎還拒，甚至更可能將經濟因素作為決定因素，讓愛情退位，充滿了算計。

但你或許也發現，一旦到了某個年紀，或許是歷經滄桑的成熟中年吧，又有太多的朋友、甚至自己，只要愛情來臨就緊緊把握，再也不顧其他世俗條件說了。心理對愛情的渴望季繞了一圈回到了青澀當年，就像是「認知的輪迴」，有時自己也不明所以。

關於愛情

實與虛，就像真與假，什麼是真、什麼是假？什麼是實、什麼是虛？每個人都需要愛的慰藉，但愛情就是「人海覓偶」，機緣千載難逢。稍一不慎就擦身而過，此生不再。

於是，對太多的勇於放棄其他追求愛情的人來說，即若千辛萬苦，甚至只愛美人不愛江山，外界看似務虛的行徑，但對他們來說，卻是務實的不得了。因為，太多的事物追求就有，但愛情可遇不可求。這或也解釋了為什麼很多的熟女一再人財兩失地掉入愛情陷阱，原因就是對愛情的渴望，願意拿青春賭明天。當然，遇人不淑可能讓心靈成盲，因愛昏頭，從而忽略了其他。但他們寧可給自己一次機會，賭上幸福的風險。

原來，別人眼中的務虛，是愛情信仰者的務實。是以，我們該敬佩這些人的勇氣給予祝福，就像新聞中的英文老師，愛情不需翻譯，出於默契與本能，一旦真愛來臨，其他的辛苦都將值得了。

14

《愛在黎明破曉時》

音量的指標意義

「以前我拉高嗓門，就有警示作用，他就知道我對問題在意且動怒了。現在，我扯破喉嚨，我老公還是慢條斯里，反應慢半拍，不知是耳背了，還是皮了。」

學員小曼抱怨老公越來越不重視她的反應了，剛認識與新婚之初，輕喊一聲，老公當做國家大事般地關切，若再撒個嬌，那一定是加倍關心誓言處理妥當，而現在喊聲越來越大，音調越來越高，但老公經常就是不動如山。是的，音量很可能是兩人關係的觀測指標。

經典台詞

我想起了有部知名電影是《愛在黎明破曉時》。這部電影有許多膾炙人口、洞悉人性的經典台詞。其中一句是：「一對伴侶在一起久了，就會聽不見彼此說的話，男性會逐漸聽不懂高音，女性則會忽略低音。」

這段台詞可以有許多趣味解讀。比如不妨這麼解釋，兩人相處日久，對彼此的感應生鈍，逼得女方不得不拉高分貝、甚至咆哮，但男方卻能充耳不聞，於驚雷處似無聲。相反地，高調大嗓說話慣的男性，知道老婆不吃這套了，虛張聲勢，狀甚急迫，都不再引起明顯關注，於是婚後日漸懂得低姿態，無論是低聲請求；或是放低姿態，習以為常的老婆早知「又來了」，根本置若罔聞。

聲音高低作為判斷感情與關係的依準，頗有其理。

賓兵冰

眾所熟悉的一種說法，關係每況愈下的兩人就如同從相敬如賓，到相敬如兵，最後再到相敬如冰。為什麼最後的階段是冰呢？因為累了、乏了，知道多說多吵都是多餘。對彼此瞭若指掌的你，完全認知到，已經無法透過這些手段改變對方。

除了肇因雙方的歧見外，還有種情況是，記得發生問題之初，你還願意好好傾聽、好好勸服，甚至出言鼓勵。但卻發現，怎麼一樣的問題，對方卻一而再、再而三的重複，有時彷彿就是要撒個嬌，企盼得到你持續廉價的慰藉，自己卻永遠不夠堅強，不願走出來。久了後，你不願再付出關心，因為你隱約感覺，對方只是個要糖吃的孩子，而給糖果的你知道，永遠不會給一次就足夠。

關於愛情

兩性相處如兩國關係，有時寧可熱戰，也不要冷戰。冷戰來臨，兩方疲於表態，以不作為為上，處處少反應、晚反應、甚至不反應，作為「冷死」對方的武器，於是從此溝通少了，嫌隙多了，猜忌深了，越來越習慣於冷處理之後，關係就越來越冷了。熱吵當然不是好事，但有得吵，代表上火時會將心中不滿和盤托出，再不隱瞞。在心理學來說，「**吵架就是一種溝通**」。或許越吵越凶，但也藉此知道究竟對方的心中怨懟為何？或許一場誤會就因此化解了。

我要說的是，兩性的相處不是依賴，只奢求從對方獲得滿足自我的心靈慰藉，都可能由此替美好關係掘墳，愛將進入長夜，永難破曉了。

Chapter 4
愛情不是佔有

01 灰姑娘的愛情是什麼？

心理學課程

記得初修習心理學課程時，有位老師會取材自故事人物，作為人類心性分析的教案。故事雖然是假，但也由於情境設定已然白字黑字固定了，相對也就容易聚焦在一定的環境內，清晰地分析故事人物心理的況味。比如說吧，就如著名的童話故事《仙履奇緣》。故事大家耳孰能詳，但仍先將故事梗概要述如後：

仙履奇緣

有個女孩子，其父親四處經商。在她母親過世後，父親又迎娶了繼母。繼母本來就有兩個女兒，也成了女孩的姐姐。此後，她便經常受到繼母與兩位姐姐的欺負。家事等粗重的工作也都由她負責，經常弄得全身灰塵，所以有了灰姑娘之名。

一天，城裡的王子舉行舞會，想邀約全城的女孩出席。兩位姐姐自然滿懷期待地參加，但繼母與兩位姐姐不僅不讓灰姑娘出席。還派給她許多工作。灰姑娘難過之時，一位仙女出現。在法術下她變成了美麗高貴的小姐，並將老鼠變成馬伕，南瓜變成馬車，還變了一套漂亮的衣服和一雙水晶鞋，讓灰姑娘亮麗與會。唯一要求的是，仙女在她出發前，特別提醒她，不可逗留至午夜十二點。因為十二點以後，魔法會自動解除，一切恢復原狀。灰姑娘應允了並出席了舞會。王子一看到灰姑娘，立刻驚為天人，並且邀她共舞……

認知的俘虜

好了，故事的結局眾所皆知，無需贅述，總之好人有了善終，壞人有了報應，有情人也終成眷屬。然而值得進一步分析的是，人物的解讀是有趣的，王子固然被灰姑娘的美貌吸引，但反過來說，灰姑娘對王子的印象是什麼呢？權貴？財勢？英挺？還是其他？

印象是綜合的，也許以上都是。但如果從所處環境對比，不乏一種可能是，在繼母與兩位姐姐的不友善甚至虐待環境裡，暗無天日周而復始的孤單日子裡，一旦落寞芳心遇見了肯定她的另一靈魂，很容易就產生好感，愛情就此發芽了。

有個學術名詞稱為「**認知的俘虜**」。當我們形成了既定印象後，便容易受到了印象的主導，而產生相應的行為模式。一旦認定了對方是普天下唯一肯定自己的那一人，後面的友好與愛慕行為都應運而生，一切自然了。

關於愛情

如果說上一篇討論的是，婚姻的本質是「**承諾**」。那麼本篇或許可以說，愛情的本質是「**肯定**」。愛情的發生有很多原因，視覺上的賞心悅目，或是感覺上的如沐春風，甚或是因憐生愛等等不一而足。而後者確實是愛情萌生的要因。很多人每每回顧自己的愛情時，不時會說：「只有他對我好，只有他鼓勵我，願意聽我訴說。所以他是我可以唯一傾吐的對象，我就嫁他了。」這段話背後隱藏的意思是，不少女性有著灰姑娘的情結，彷若原先生活在愛情的陰暗角落不被發現，而一旦一朝接觸到了人性陽光，對方「肯定」了自己，就容易傾心愛慕送上自己的情感，認定對方了。

灰姑娘的故事說的是，她不是因為愛慕虛榮或是王子英俊的外貌而沖昏了頭，很可能是從心裡的潛意識是因為對方肯定了她，那是她在黑暗生活裡的朝陽初露，於是就接納了對方、譜出了美麗的愛情故事了。這故事給天下男女的提醒是，**記得當你真愛一個人時，多肯定對方，絕對是打動芳心的武器**，而女孩們則不要有灰姑娘的情結，要勇敢走出情緒的陰暗面，偌大世界，不會沒有肯定妳的另一人。

02

心中兩匹狼

離開就放下？

你是否有過以下的反應？假若你和結婚多年的另一半因為不可忍受的問題而離了婚，當你下定決心不再挽回這段關係時，好友或你本人多半會對自己說：「放手吧，放手就是心裡放下的開始。」

你想的是，眼不見為淨吧，時間是最好的良藥，久了就淡忘了，既然選擇分手，意味著開始放下了，至少，是不愉快回憶的遺忘開始。

然而，或許你和另一半還有小孩，總有場合你們必須為了小孩而碰面。而是否只要想到碰面，就有厭惡的負面感覺，是否因對方所犯的錯誤而起的負面情緒，又會莫名興起？原來，即使久久不聯繫，以為時間可沖淡一切，但此時才赫然驚覺，恨意其實根本未曾稍減，甚至還日漸加深。離開了，就是放下的開始嗎？顯然未必如此。

心中的兩隻狼

時間，固然是沖淡記憶的良藥，但時間也可能「僵固」印象的鑄模，就此定型難再改變。這就解釋了為什麼很多人口裡說放下，時間也過了良久，但只要一念起當時情景，就怒火中燒，久久不能自己。

這種心理的況貌不需以學術的心理學解釋，只要以一則美國人多半聽過的比喻解釋就很清楚了。

許多美國人從小就聽過一則小故事。

一位老祖父和孫子談心中的感覺。老祖父說：「我感覺心裡面彷彿有兩隻狼正在打架。其中的一隻是憤怒抱怨的、報仇心強的、也是暴力傾向的；另外一隻則是友善的、可愛的、溫和的。」孫子就問祖父說：「爺爺，那你心中的狼哪一隻會獲勝呢？」祖父說：「那要看我餵食哪一隻！」

同樣的道理，倘若我們將不愉快的事件放在心裡，一想到過程，盡是些不愉快甚或痛苦的負面情緒，那麼，事件其實並沒有隨著時間沖淡消逝，這匹惡狼只是囚禁在某個心靈角落，尤其我們仍依然不時地以負面的精神食糧餵食著牠，牠也就很難不壯大了。

關於愛情

為什麼心理學特別重視分析與溝通?因為事出必有因，任何的病症無論心理或生理，都要找出病因對症下藥，絕非是眼不見為淨，以為時間會讓痛苦自然痊癒。固然，我們可以透過拉開距離，減少摩擦，避免惡化。然而，通常是因為累了、煩了、無法容忍了，於是選擇分手。換言之，對另一半的痛、恨，也或許是誤解，並沒有解開過。於是從分手那一刻起，既定印象就形成了。壞印象不會突然變好，甚至永無機會變好，因此只要一觸及，結果依然如故了。

既然無法相處，分手未必不好，但真要放下，得找個對症的方法，只想眼不見為淨，往往會令人大失所望，而才發現痛與恨原來一直都在。

03 兒女情長就英雄氣短？

偶像劇故事

一位編劇朋友向我描述了正在撰寫的一齣偶像劇大綱：

一位家境富裕的男孩在完成學業後，因有感於偏遠地區孩童的教育資源匱乏，因此放棄了在都會區的優渥工作，自願到山區原住民為主的小學任教。而一位出身該偏遠地區的原住民女孩認為家鄉發展機會有限，憑藉著愛唱歌的興趣，期盼參加歌唱比賽一圓星夢。

男孩來到偏遠地區後，因教育資源缺乏，所以他一人身兼數科老師，語文、數學、體育等課程無所不包，唯一傷腦筋的是音樂課程，這實在不是五音不全的他的拿手項目。偶然聽附近鄰人介紹，本地有位愛唱歌的女孩，因此男孩經介紹認識了她並邀請來小學任教音樂課。女孩願意偶爾兼差施教，但她多數的精力與時間仍是北上都會區參賽。任教時間很不固定。兩人雖互有好感，但生涯規劃差別太大。愛情與事業無法兼顧，兩人難有共識。

最後兩人有個約定，女孩對男孩說：「如果我參賽無法奪冠獲勝，我就留在這裡陪你一起帶這群孩子長大。」男孩知道女孩的心願堅定就無奈同意了。劇情設計的一個關鍵橋段是：歌唱決賽當天，女孩緊張地等著上場，這離她夢想只差一步之遙，贏了，就有獎金，並有一張歌星合約。儘管她也喜歡著男孩，但此刻已經無法退卻了，比賽即將登場，此時她無法顧及家鄉的男孩。

該她登場了，原本專心無暇他顧的她竟發現台下坐著一群遠從家鄉而來、自己施教過的天真孩童，每個人手持標語，寫著：「老師加油，妳一定會奪得冠軍！」

是的，一群孩子的中間坐著的正是那位男孩。手裡也拿著標語，上面寫著：「雖然想留下妳，但我更希望妳能圓夢。」

意外中，她依然穩健地表演完畢，在激烈競逐中，果然打敗所有對手贏得第一名，美夢成真了。頒獎時，女孩落淚了，她感謝所有一路陪伴她的人，但她說：「也許我的決定在所有人眼中是愚蠢的，我願意放棄簽署歌星合約的機會。但我的歌聲並不寂寞，在我的家鄉每一年都會有孩童聽我唱歌，無論我唱的好壞、是否走音，他們不會嫌棄我，永遠是我的聽眾。尤其是我家鄉的男友，我第一次願意承認他是我的男友，我知道當我年老以後，我不必擔心不再有人聽我唱歌，因為他會是我最忠貞的生命歌迷。」

說什麼愛情

偶像劇愛情故事大同小異，編劇朋友也知道，所以她問我，重點是要注入什麼樣的愛情主題。如果這齣劇不只是俊男美女與動聽音樂，在此之外，能讓觀眾印象深刻甚至討論的愛情主題要是什麼？

我和她說，妳編寫的偶像劇情應該說的愛情主題是「成全與圓夢」。相愛容易相處難。原因是兩人總有不同的生涯規劃，當步調不一，就得有人犧牲妥協。於是就出現了「要幫對方圓夢」還是「要對方幫自己圓夢」的兩難。

愛情心理學最主要的目的，無非是要找到理解，擬出方案，達成共識，這才能有助於兩人世界的和諧。可見得，歸根結柢兩性的問題就是無法妥協的衝突與矛盾，古人說，兒女情長就英雄氣短，說的不就是貪戀於愛情，就會荒蕪了事業嗎？但真是如此嗎？

關於愛情

不圓滿的遺憾愛情，絕大比例正是兩人的生活步調不一，所以能夠成就一樁好的姻緣，絕對是千年修來的福分，它需要天時、地利、人和的因緣俱足方能竟功。但不能因此就太宿命論，很多時候，只要願意妥協調整，愛情就可以催化成熟，獲致善果。就像偶像劇的女主角，得與失很難一時間論斷，但是重要的是，她找到了妥協，讓熱愛的歌唱與愛情有了交集，至少讓愛圓滿了。

人生是拼圖，愛情的比例高些，或許事業的比例就小點。但自己並沒有輸，將不同拼圖融匯在一張完整的拼圖裡，需要調整的時間，更需要從容的智慧。

04

名片效應

滾輪式相親

小武要參加聯誼相親大會，有點害羞的他急切地問我，如何才能獲得心儀女孩的青睞？在很短的互動時間裡，怎麼樣才能找出話題給對方好的印象？

快速相親已在世界各地蔚為流行，在忙碌的現代社會裡，看似更自由接觸的面向也廣，但每個忙碌的現代人其實生活面向窄淺，認識異性的機會相對有限了。於是這類每個參加男女都有機會和每位與會的異性結識、交談三～五分鐘，像是滾輪式的相親模式，就成了可以大量過濾異性，找到對眼且共鳴對象的相親主流模式了。

名片的作用

是的，我們的疑問或許一樣，那就是儘管可以和每個參加異性都有短展接觸時間，看似機會變多了，但接觸時間如此有限，要如何獲得心儀對象的好感與青睞呢？驚鴻一瞥的交會，多半留不下深刻印象，找不到對方有興趣的話題，從而就無法獲得效果了。

小武問著我，我突然想起了有一回看到網路上曾經有人撰寫的一種心理學效應，稱為「名片效應」。網路百科介紹的主要的內涵是說：兩個人在交往時，若能先表明自己與對方的態度和價值觀相同，就容易使對方感受到你與他有更多的共通與相似性，從而很快地縮小與你的心理距離，接著更願與你接近，形成良好的人際關係。這就如同，有意識與有目的性地向對方所表明的態度和觀點，像是名片一般把自己介紹給對方。

應聘者的故事

據悉，這是源自一位應徵工作者的經歷，由於他應聘工作時屢屢受挫，後來有一回他想應徵一家公司的職員，這回他先做了功課，了解老闆的過去經歷，因此發現老闆與自己有著相似的挫折經驗。

於是在面試時，他懇切表達過去的挫折以及心路歷程，或許是回憶起自己的奮鬥人生，於是這席話博得了老闆的同情，甚至是賞識。因此這位求職者終於獲得錄用。名片效應一詞，說的就是，如將自己的身分、職業、特長、甚至是性格或志向清楚表達，彷若名片上的頭銜、公司屬性與經營範圍，令拿到卡片的陌生人可以方便產生初步印象，若是接觸後兩人發現竟有相似之處，就有了互動的好話題，進而拉近彼此的距離了。

關於愛情

國外有一陣子流行的成功學書籍中，不時會提到一種作法。就是如果你在一家大公司上班，很難有機會遇到執行長。倘若有一天可以不期而遇，你得把握機會在短暫的邂逅時間裡讓對方留下深刻印象，你該怎麼做？於是就有了所謂的「電梯時間簡報術」，說的就是，若在電梯裡遇見執行長，你只可能有十幾秒的時間與執行長交談，該如何充分應用，令對方對你產生不錯的印象呢？

工商社會，愛情一樣講究快速，得把握吉光片羽將自己推薦出去。同理心、並且從交談中快速找到彼此共通性，就此話題切入，就容易讓對方興起與你談話的興趣。

妥善地使用「心理名片」，尋覓自己與對方的態度和價值觀相似之處，無疑可以加速促成彼此關係的建立。職場如此，愛情世界一樣也不例外。相親時間雖短，但絕對比電梯簡報時間要長。滾輪式相親是很好的愛情口才訓練。

05 娶了女神回家

女神與女孩

一位條件不差的男性友人在家人的密集安排相親下，迎娶了一位客觀條件均稱卓越的女孩。也算是門當戶對吧，純就各項條件點評，確實只有這位堪稱女神級的女孩可以匹配這位男孩。但客觀的條件再契合，愛情講究的可是唯心的主觀意願。外人看兩人什麼都合，但小倆口婚後卻發現個性、價值觀實在南轅北轍，幾乎沒有共同話題。沒多久，兩人就忍受不了彼此而離婚了。

男性友人說：「別人幫我尋找女神，但我發現自己需要的只是一位平凡的女孩。」

麻雀變鳳凰

新聞報導了北京日前舉辦一場億萬富翁徵婚活動。參加對象是三十二名身家一億元人民幣以上的單身企業家。這場活動竟吸引高達二千七百多名期待嫁入豪門的女性。類似的富豪相親活動屢屢成為報導焦點，且屢辦不爽，顯見極有市場潛力。

這次活動單位設計多重關卡替這些富豪篩選美嬌娘，參加甄選的女性必須通過形象、心理、才智和情感等嚴格初試後，接續還必須進行十項深入測試及家庭探訪，才有機會雀屏中選。

前來應聘的女性從二十歲的年輕女性到四十七歲熟女一應俱全，在活動設計下，這些女性候選人無論是身家背景、朋友間的評價、規劃金錢能力，或是婚姻價值觀、生辰八字，全得攤在陽光下被逐一檢視，但為什麼這些女孩願意趨之若鶩，答案無非是想麻雀變鳳凰，想透過豪門婚姻讓自己自貧窮中鹹魚翻身。

愛情與婚姻最怕什麼？我認為最怕的是：「對方什麼都好，就是對自己不夠好。」

我們會因為對方的優秀條件而傾心愛戀，甚而進一步放大對方的單項優點，從而忽略了其他的缺點。如同我曾介紹過的一項理論「暈輪效應」，名詞源自於俄國的大文豪普希金。這位大文豪瘋狂地愛上了被稱為「莫斯科第一美人」的娜坦麗，並且兩人結了婚。然而，儘管娜坦麗容貌美麗，但兩人性情迥異。每當普希金將寫好的詩讀給她聽時，她總捂著耳朵不想聽，只希望普希金陪她遊樂。大文豪遇到時尚跑趴女，荒廢了創作，且負債累累，甚至最後還為她決鬥而死。美貌遮蓋了普希金對娜坦麗的認識，誤以為美女品格同樣高潔，就像月暈遮掩了清晰的輪廓。

普希金無疑地為娜坦麗的美貌所惑，驚為天人視為女神。但空泛的形貌終究要落入凡間，也許女神真有諸多優點，但若不能與自己契合，或對自己不夠好，就像我的男性友人所言，那就寧可棄女神而就凡人了。

可惱的是，太多人擇偶時，分不清務實與務虛，容易受惑於外在的特定優勢條件，就讓某人身上的某一方面特徵，掩蓋其他特徵，從而造成認知的障礙。求愛常是追求夢幻，而婚姻卻是走入現實，想想自己需要的究竟是夢幻情人，還是真實伴侶？想通了，婚姻就容易幸福了。

06 你還相信愛情嗎？

愛情信任度

一對銀色夫妻離婚了。之後一次男方接受訪問，主持人好奇地問：「你還相信愛情嗎？」受訪的男明星略微思索，然後說：「我依然相信愛情。」

隨著離婚率的居高不下，不少有過婚姻破碎、愛情幻滅的人總會出現一個問題，那就是：是否依然相信愛情？

答案也許因人而異，但我很有感於以下這故事。那是台灣媒體報導的一則真人真事。新聞標題是：即使遺忘了全世界，也不會忘記你。

情人與全世界

我直接收錄於後：

王爺爺是退伍軍官，和王奶奶相伴半個世紀，感情甚篤，卻因先後罹患失智症，幾乎什麼事都記不得，就連剛發生的事情也不例外，但讓醫護人員驚訝的是，他們「即使遺忘了全世界，也不會忘了彼此」。

王爺爺和王奶奶自去年八月開始，白天在光田紀念醫院的日間照護中心接受照護和復健，晚上則回家與家人相聚、享受天倫之樂。

醫護人員發現，王爺爺和王奶奶就算什麼也記不得，卻還能認得彼此的臉孔，隨時找尋著對方的身影。散步時，夫妻倆總是牽著小手，王爺爺只要一秒鐘沒看到奶奶，就會追著旁人問：「奶奶呢？」如果醫護人員沒在一分鐘內將奶奶帶到他的視線範圍，爺爺就會焦慮不已。

而隨著奶奶的病症加劇，需接受二十四小時的全天候照護，晚上無法隨著爺爺一起回家，每天傍晚的分別情節就像牛郎和織女一般，爺爺總不斷詢問：「奶奶呢？我得帶她一起回家。」最後經醫護人員耐心安撫後才作罷。

相較於總是憂慮「老婆不見了」的王爺爺，失智較嚴重的奶奶則每天都顯得非常開心，喜歡穿上紅色的衣服，沉浸於少女時期、即將嫁給爺爺的那段時光，幸福地告訴周圍的朋友「我快要結婚了！」。更讓人感動的是，奶奶總是能精準地說出新郎官的名字。

愛情心理學

我記得一位心理學老師曾經這麼分析愛情，她說，愛情的主導因素，或許可以粗分為「情人心理學」與「情節心理學」。大意是，如果相處過程中，前者的好感度、依賴度、甚至是重心程度夠強，那麼情人因素〈客體〉就主導了兩人的相處感受，不管相處日子裡有哪些細節，總之對對方的感覺就是好；而反之，若對方不盡理想、甚至是恐怖情人，那麼自我產生的負面情緒〈主體〉就同樣會竊佔心靈感覺，而對這段愛情或婚姻的負面情節大為反感、甚至受傷太深害怕回憶。

簡單說吧，也就是若所遇非人，那對愛情的回憶就會「因人廢事」了，但若兩人相處融洽甜蜜，那麼就可能出現新聞的老倆口情境，即使已經失智，但美好的記憶基因太強，依然能沉浸在愉悅的回憶與現實裡。

關於愛情

再問，你還相信愛情嗎？也許相信，只是怨嘆自己沒有機會覓得良緣，導致了「情節心理學」大過了「情人心理學」了。儘管離婚率高居不下，虛情假意充斥著世界，但別讓自己的負面經驗否定了世間仍有真愛。

儘管婚戀過程受挫，但仍要堅信真愛可能來臨，幸福或許就在不遠，永遠相信下一個伴侶可能會更好，這是健康面對兩性世界最重要的心態。

07 對偽命題別太認真

安安與智偉

「你說我是全天下最重要的人，如果我發生意外，你也不想活了，對吧？」安安一臉認真地問著男友智偉。「那當然呀，如果沒有了妳，我會覺得了無生趣，一個人獨活又有什麼意思？」智偉同樣認真地回答安安。「喔，那我問你喔！如果有一天我和你母親同時落水，而此時你只能拯救一人，你會拯救誰？」安安撒嬌但認真地望著男友，期待著智偉的答案。「啊，只能救一人嗎？兩人同時拯救行不行？」「哼，不行，快說先救誰？」表情促狹但依然認真的安安繼續追問著。

抉擇遊戲

你不陌生的一種心理遊戲：

一堆紙牌上，每一張紙牌寫下一個親友的名字。然後主持的玩家就會開始以各種問題來考驗你的取捨？比如說，「如果你有權利邀請十個人參加豪華郵輪的活動，你會邀請剛剛寫在紙牌上的哪些親友？不想邀請的紙牌上人物就請放在一邊。」取捨後，遊戲參與者手上就留著十張親友名牌。主持人再問：「如果你要結婚，但只能邀請四個人參加，哪四個人會是受邀對象？」好了，又是經過一番抉擇之後，原來手上的十張牌就剩下四位自認為最親近的親友了。主持人接著再問：「如果你和手中的四位親友在一次遠途旅行中，遇到了海難，而此時身旁只有兩艘救生艇，一艘救一人，你會搶救紙牌上的哪兩位？」是的，每道問題如果認真思考，都是一次的煎熬，因為紙牌上的人物都是與自己親近的重要人士。

救誰捨誰？都是天人交戰。每每出現的情況是，參與遊戲者都會發出大呼小叫的驚呼聲，並且跟主持人抗議：「怎麼選呀？可不可以兩個都救，我自己犧牲呢？」

尤其是到了最後關頭，只能拯救一人時，心裡面的感情份量就出現了。在人生當中，誰是自己最後最在乎與不捨的人？

這類遊戲有其自我檢視感情重量的參考價值。畢竟，人總是要到最後抉擇時刻，才突然警覺到與該人的關係竟是如此的緊密，於是害怕失去。但人的可貴也在於，多數人寧可犧牲自己，拯救成全我們摯愛的人。

或許從遊戲上的自省功能確實有意義。但在現實人生中，倒有不少專家認為，這種題目其實是一種「偽命題」。理由很簡單，因為命題的內容在現實世界的發生機率極低。

理論上，如若真出現了如前描述的抉擇時刻，多半也會有專業的救難人士負責拯救工作，不太可能讓一般素人有機會做此抉擇。況且，同時讓自己母親與女友出現蒙難的機會也微乎其微。如果，倘若一項事件設定發生的機率過低，其參考價值就非常有限了。純粹只能作為學術上的研究，很難與現實人生產生深刻的連結。

關於愛情

好了，談情說愛的時期，有人研究，這段時期的男女彷若變得極為天真，好像「一談感情就變笨」，總喜歡問些雷人的傻問題。所以如果不小心經過一對熱戀男女身邊聽到兩人的對話內容，局外人或許覺得很無聊，但小倆口卻覺得有趣得緊。而諸如這類的「先救誰」問題是兩人戀愛時幾乎必選的話題。

可以問嗎？可以。但是，別太認真。有些單純的女孩會把這類問題當作是測謊般地重視，或是作為日後吵架時的「呈堂證供」，就此來考驗情人的忠誠度與愛情指數。但若日後男方別抱琵琶，女方就完全不能接受，原來世界上重要的還有別人。這類問題當作情趣、茶餘飯後的打情罵俏題材絕無不可，但別認真，以致鑽進了牛角尖，否則一旦情變，就會產生受騙、自我否定的情緒，那就愚不可及了。

08 愛情不是佔有

今昔大不同

小吳跑來找我，一臉疑惑地問道：「奇怪了，我真是搞不懂，以前結婚前，小玉什麼都讓我作主，每次我問她，她都說『我沒意見你決定就好！』，可現在怎麼搞得，如果沒經她同意，她就很不高興。甚至跟我大吵起來，女人也太善變了吧！」小玉是小吳的老婆，婚後時常吵吵鬧鬧，且越吵越凶。在相處上遭遇疑惑的他想尋求答案。

生命主導權

台灣南部有一位老先生深愛她的妻子，兩人感情深厚，如膠似漆令旁人艷羨。步入老年後，妻子罹患失智症，且有些疾病纏身，老先生責無旁貸地負起照顧愛妻的責任，儘管有子女，但子女各有家庭與工作。於是老先生就幾乎負起最主要的日常照顧之責。

這一照顧就是二十年的光景。只是妻子的病情並沒有明顯起色，隨著年邁，就益發體衰更難照顧了。

老先生每天都會推著癱坐輪椅的老伴外出散步，老倆口的背影總令外人深受感動。有一日在住家不遠處的小湖裡發現兩具落水的屍體，打撈起來竟發現是這對老夫妻。據後來的調查，老先生認為自己無力照顧，但又擔心他人無法顧好愛妻，於是推著妻子一起自殺。

新聞引起很大的討論，除了老人照護問題、安樂死的問題、以及有無涉及刑法謀殺的疑慮。另有一則新聞也類此，先生將久病不癒的妻子殺死，然後自首。

在討論的諸多面項中，有一個探討點是：誰擁有誰的生命主導權？

心理趨因

夫妻本是同林鳥，大難來時各分飛。這是大家都琅琅上口的辭句。倘若，大難來時不分飛，且相互扶攙共渡難關，那當然就有值得肯定的可貴情操了。但問題是，人會老、心會累、能力總有極限。於是，在力不從心的沮喪時刻，就可能是悲劇的前兆了。

然而無論如何，親手殺妻有兩個心理趨因值得深究。第一點是「從屬觀念」：很多男性潛意識裡面，將妻子當作內人，是自己的附屬。所以在觀念上認為可以代表甚或主導妻子的決定；第二點是「動機迷思」，陷入這類迷思者或會認為只要「動機是好的」，就是可行的，包括錯誤的手段也是可被原諒的。這兩個心理盲點，就是老先生推妻子溺斃的可議之處。儘管妻子久病、甚或意識不清，但是妻子絕不是先生的附屬，何況是個人的生命權，先生絕對無權主導代為決定。

儘管理由是「我這麼做，都是怕她受苦，沒有了我，誰來照顧她。我今天如此，都是為了她好。」錯了，這是一廂情願的想法，也許有其他未曾嘗試的管道可以讓妻子得到更好的照護。

新聞的例子或許極端，但有個兩性相處的重要提醒是：沒有人可以完全替別人做決定，儘管是親如夫妻。愛情不是佔有，佔有的心態才會導致代做決定的舉動，愛情是一種尊敬。一念之別，可能就是天堂與地獄的天壤之別了。這提醒同時也送給小吳，也許在談戀愛時，小玉會像個小女人，事事客氣，謙稱由小吳作主就好。但是若誤以為女方是個沒主見沒想法的附屬品，那往往埋下了爭議的導火線了。婚前小女人、婚後大女人，男性朋友不要意外，這也是頗為自然的轉變，從另一方面解釋，代表你給她更寬闊的自由空間了。

還是問問對方的意見吧？古有明訓相敬如賓，老祖宗的智慧不會沒有道理的。

09 愛情的經濟學與社會學

邊際效應

邊際效應，或稱邊際效用，是常用的經濟學名詞。指的是在最小的成本的情況下，達到最大的經濟利潤，效應大小的對比是指，物品或勞務的最後一單位比起前一單位的效用。如果後一單位的效用比起前一單位的效用大則是邊際效用遞增，反之則為邊際效用遞減。

從日常生活來比喻，如果肚子飢餓時，叫盤水餃果腹，那麼吃第一顆水餃時的感覺是最好的，因為飢腸轆轆，會感覺特別美味，只是，越吃越多時，雖然總量的餃子變多，但每個餃子帶來的滿足感就越小，當然，若吃撐時，剩下的餃子幾乎對你沒有任何感覺與效應了。

上癮效應

在前文中，我曾經介紹，歐洲曾有社會學家說過：「**吃一顆不夠，吃兩顆剛好，吃三顆就太少。**」這是對嗜吃某種食品、如吃糖果的人士一種欲望的貼切描述。簡單說，當食慾被挑動時，自我的慾望就沒有設限了，於是開始越吃越多，忘了醫生或是養身的所需的節制呼求。食不饜足，多多就益善了。

一個愛情，兩個世界

一個是經濟學理論、一個是社會學家的妙喻。愛情是偏向哪種效應呢？你會說，應該是前者吧？因為你發現婚姻生活越久，你呼喊另一半的嗓音就越大，不扯著大嗓門，他就毫無反應，非得高八度之後，他才勉強有了反應，起身動作。顯然，伴侶對你關注力的邊際效應遞減的很嚴重，讓你不免感嘆婚前婚後大不同。

另一個女人可能說：「不會呀，結婚雖然越來越久，但卻越來越甜蜜，每年的結婚紀念日，老公都會送禮物，而且為了要避免重複以示用心，所以老公都絞盡腦汁盡量別出心裁，為的就是要給我有意想不到的驚喜。禮物越送越昂貴、兩人的感情與依賴也越來越深，還真有點像吃糖上癮的感覺，再甜蜜也不膩。」

言人人殊，只能說真是「一個愛情，兩個世界」。

關於愛情

其實，你注意到了嗎？愛情不是感覺，而是行為。愛情不是定格、而是繼續運鏡；同樣地，婚姻也不該是愛情的墳墓，而應該是愛情的起點。但太多人以為結婚就是感情定局，而後將過程的「定局」，視為「定格」，於是不再經營，於是越投入「心情成本」，效益卻每況愈下，邊際效應自然就遞減了。

所以當對方海誓山盟、指天對地發誓愛情不移，切莫輕信；當對方甜言蜜語、舌燦蓮花討好於你，可能只是獵人追捕獵物的誘餌而已，你質疑：愛情不該互信嗎？該，當然應該。但是愛情是人生豪賭，一翻兩瞪眼，雖然值得冒險，但絕不能沒有風險意識。務必提醒自己，愛情只有一個判斷標準：那就是聽其言、觀其行。因為愛情不僅是感覺、更是行動。

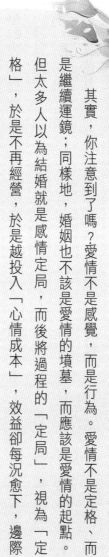

10

女人說：情人是老的好

歌手嫁初戀

一位華人圈知名女歌手屆不惑之齡，多年的情海浮沉、愛情漂泊之後，最後找回初戀的外籍男友，終於歡喜披上嫁衣。終身大事如願以償，擺脫黃金單身女郎的身分，令人替她高興。但歌手的作家朋友曾發言擔心這樣的結合，畢竟從年齡來說，一般會認為，男性的黃金期較長，但不惑之齡的女性青春總已逝去大半，相較來說，幾乎同齡的婚配蘊藏有極高危險的可能，言下之意似有不看好這段婚姻的意思。作家擔心的是，女性可能留不住男人的心。作家之言，有其人生體悟的一面，但從這樁喜事的分析上，可以就兩性心理的角度試作解讀。

戀舊情結

衣不如新，人不如舊。朋友是老的好，但在愛情世界裡，對這句話認同的程度，恐怕女性高於男性。

女性有所謂的戀舊情結，這是經過事件證明的，我曾經讀到一份資料提到，日本的民間偵探社，曾經有一項服務內容是：尋找初戀情人。後來經過統計，委託這項服務的客戶，有高達九成是女性。

反映在情感上，就會是：情人是初戀的好。男人喜新，女人念舊，所以男生關注新歡，女性執念舊愛。古往今來，太多男性犯了「只聞新人笑、那聞舊人哭」的症狀，揹負了負心漢、拋棄糟糠的指摘惡評，相較之下，太多故事描寫的是，女人苦守寒窯、守著舊愛，不忘初戀的執著摯情，令人感嘆愛情的堅貞與偉大。

關於愛情

愛情的任何選擇，都可能有不意出現的風險，對女性來說，不論是新人或舊人，只要會抓她的心的，就是她認為的好情人。只是，熟悉會給女性安全感，讓初戀的男人更令其念念不忘，尤其女性總是「感情用事，多過理智處事」，用過心的愛情會令其刻骨銘心，因而就解釋了若有機會，從而寧可選擇了熟悉的記憶味道，破鏡重圓，重新找回當年的甜蜜感受。

若男生曾經錯過了某位女孩，試著回頭，也許女性的念舊會讓你重新找回戀情。

Chapter 5 男人要懂女人心

平日開設的工作坊教學，我會要求學生將一些心得與想法以案例形式整理，一方面透過文字書寫，可以與自己內心對話；二方面，也彷彿在「人性心理地圖」的座標進行定位，並有益於進行歸類。本書中，即特別將幾位心靈諮商課程學員，對兩性心理學的生活體悟與觀察案例收錄於後，期能增加更多元的案例分析與解讀分享，豐富我們在兩性世界的見聞與理解。

01

男人要懂的女人「聊」傷法

女性懂「聊」傷

我喜歡觀察男女如何紓解負面情緒，許多時候，兩性對彼此的紓壓模式認識並不真切。許多男性看見女性面臨壓力、心情不佳時，常會產生一種無力感，因為女性會以哭泣、或是沉默的方式作反應，導致男人會認為女人抗壓性低，愛哭，甚至會搞冷戰。最生氣或不解的是，女方會找朋友「聊」傷，而不是與男方暢談。

男女面對壓力的反應不同，壓力來臨時，男人比較會選擇動態性或逃避性的方式來面對壓力，比如，打球發洩憤怒的情緒就屬於「動態性」紓壓，去喝喝酒一醉解千愁就屬於「逃避性」紓壓。而不少的女人則選擇靜態方式，像是一邊哭泣一邊打著電話給朋友尋求慰藉等。

醫學角度

另有從醫學生理角度提出解釋，美國心理學會研究報告說，這都是人體裡的催產素在作用的原因。

催產素〈Oxytocin〉是腦下垂體後葉所分泌的一種荷爾蒙，是種能將情緒導向的物質。它具有緩輕壓力，強化自信的功能，亦即可控制人的負面情緒，催產素含量的高低，就看男女負面情緒的反應。有研究認為，通常女性催產素含量遠比男性高，是因為在人類進化過程中，女性必須身兼保護家庭與孩子的責任，所以當面臨問題與壓力時，較能理解不能任由自己失控的情緒作祟，還必須尋求他人協助。所以會找外界撫慰紓壓的女性，有助其儘快恢復理智面對問題。

男人除了催產素含量較低之外，還有所謂的睪丸激素在助長，睪丸激素的增加會讓男人更衝動，情緒爆發的更猛烈。從正面看，似可明顯的紓解壓力，避免壓抑，但從健康角度看，男人也容易因而罹患高血壓腦中風與心臟病，也不盡然是釋放壓力的健康方式，相較之下，女性的釋放方式更具自我保護性。

關於愛情

人或多或少都會有壓力，愛情的營造與培養，最要緊的就是彼此理解與體諒。我常戲稱說：Lady 就是「淚滴」，因為女人真是水做的。當女方有壓力時，男方要理解女方紓解壓力的方式，切莫譏評為愛哭、抗壓性低、喜歡找人八卦等，如此反而對感情的建立無益。男人未必要提供紓壓的建議或方法，而是要能理解女方的方式，讓鬱悶緊繃的心情慢慢化解，這時聰明男人「不作為」，也能得到的不錯效果。

02 男人要懂的女人心

男人的魅力

男人總想，「女人喜歡什麼樣的男生呢？」女人心，海底針，就像佛洛伊德〈Sigmund Freud〉臨終前的大喊：「女人，你到底想〈要〉什麼？」

如果，把問題改成「女人，你到底想要什麼男人呢？」，到底在女人眼裡什麼樣的男人最性感最有魅力？而很多人總回答，女孩多喜歡高高帥帥的男人。錯的，那是小女生的幻想，是家境有錢開著名貴跑車嗎？也不對！那是拜金女的心態，那到底是什麼呢？我要分享的是英國一項研究調查顯示，**男人最性感最有魅力的時候，是在他專注於工作的神情，這是最讓女人著迷的神態**。

專注的神態

男人工作時的認真，充滿了一種感染魅惑力。那眉宇深鎖的專注思考，而後精準果斷地做出判斷，端出深思熟慮後的成品與決策。這樣的一幕讓女人看了會出現幸福安全的美好感覺，甚至令女性會有一股衝動想去抱抱他；摸摸他的臉蛋，幫他輕微的按摩一下因思考而緊繃的頭部，給予適度的鼓勵。

協助家務

認真的男人最有魅力，不僅來自工作專業上的表現，也來自家事的協助。幫忙做家務事也是女人動心的一幕，平常夫妻兩人都在上班，但是假日就是能協助做這些事的時候，男人只要在此時捲起衣袖打理家裡的一切事物，不讓妻子動手做，就算男人做得不完善，女人還是會很感動地幫他擦汗，並偷偷的親他一下，以示慰勞。

關於愛情

當然，陽剛的氣質，具有男人味的男性，也有其難以抵擋的吸引力；還有那種有點小糊塗，平常做事情時老是丟三落四、讓女友或老婆又好氣又好笑，但只要在重大事情的關鍵決策上，又恢復到精明能幹的神態，也頗吸引女人的好感。但是，外型是很難改變的，而個性也多半是天生的，關鍵之處還是**態度**，這也是可以自我要求的部份，只要態度認真，做事專注，魅力自然加分。

03

請給女性信・望・愛

男人昇華論

你會同意，男性想要擄獲美人芳心，多半會試圖先改變自我條件，努力提升。但除了先天的高、矮、胖、瘦、美、醜不能改變外，其他的，都仍有努力的空間，而且需要打從心底進行改變。

扼要地說，男人總是想探問女性的心裡喜歡什麼？怎麼改變最能贏得好感？以下是兩性心理專家建議的重點，你可能知道這些「老生常談」，但或許早已忽略，不妨再複習一下：

事業男最帥

心理專家研究早認可了這點，女人對男人總有著「望子成龍」的心態〈根據研究，女人對男人都有同樣的期許，無論是先生或兒子〉，或許是女人的心底有明顯的崇拜「英雄情結」〈Heroic complex〉。總希望男人在專業領域上發光，不斷的向上提昇，好取得社會地位。女人不喜歡男人把精力花在無關緊要的事情上。認真專業的男人，對女性確實具有不小的魅力。

身家穩定

每個男女，都希望自己的對象擁有不錯的外型，但除了外表之外，經濟能力也是不會被女性忽略的關鍵。**愛情與麵包對女性說，並沒有孰輕孰重的問題，而是孰先孰後？**一項研究報告指出，女性在選擇對象時，第一個優先考量是能互相真心的喜歡，並能建立起感情的穩固。而當感情發展至一個階段時，女性想要的是男性的經濟基礎，而不是一直停留在感情的延續，這也是女性開始想把自己終身託付給對方的一種必然心態。

常感恩少爭執

男女合組家庭後，常為了大小瑣事而吵架，雖是瑣碎之事卻很繁重，而家裡之事大多由女人一肩挑起，而主外的男性除了上班外，回到家裡就是吃飯、看電視，家事鮮少插手，而女性卻常從早忙到晚上睡覺的那一刻，才能真正休息。面對這樣的工作負荷與壓力，女性心情是很難好起來的。而且不幫忙的男性還會不時抱怨，於是引發爭端，家庭就不易和睦。

心理專家強烈建議，若想讓女性以快樂的心態做家事，就是請男性朋友們多開口說聲謝謝，那是疼愛的表現，一句感謝能化去女性對家務的疲累，也能化解女性對家事煩悶的情緒，即若是女性在哪個環節沒做好，也應當用心存感恩的心私下協助。

關於愛情

注意到了嗎？以上三點，心理專家幫我們整理出的精神正好可以詮釋：信、望、愛。努力事業的男性讓女性感受到信心、身家穩定的男性，讓女性感受到生活的希望、而懂得感恩的男性更讓女性感受到愛的充滿。

當然，也切莫給男性過大的壓力，尤其是在婚後，女人在婚後別像望子成龍般的要求這麼高，適度地讚美、體諒男性的辛苦，那男人會有更多的回饋。

04 丈母娘看女婿

雙親是標準

你可曾發現所選擇的對象或配偶，在生活方面跟自己的父親或母親很相似？「翁與婿」、「婆與媳」竟然會有一定的相似性，這是兩性很有趣的心理說法。

配偶與父母

根據科學家研究指出，男女在選擇配偶時，會在不知不覺中選到類似自己父母的配偶，無論是外貌體型、生活習慣，甚至某些舉止特徵都有其相似性。

外國研究人員曾進行一項實驗，他們作了一個十四組臉部區域的模型，此模型可依照人們不同臉型及五官作適當的分解組合與變化，再用電腦掃描的方式，將組好的臉型掃描至電腦裡與真實臉型進行比對。研究人員找來六十對夫妻與兩方的父母進行模型組合進行比對，結果發現，丈夫的相貌與妻子的父親長得神似，而妻子的臉型也和丈夫的母親很相似。為了更人性化的考量，除電腦比對外，研究人員還請外面的人來進行人工比對，藉此能看出電腦比對與人工比對的差異性大不大，事實證明人工與電腦比對的差異性並不高。換言之，這項比對是有某些參考性的。

未來模樣

人工比對是以隨機抽樣的方式進行，從幾對照片組裡藉由視覺感官來分類誰跟誰比較像，研究後發現，除了先天上外部有幾點不同外，其他方面皆頗類似。這似乎說明了若要預知配偶年老的樣貌，只需看自己父母現在的樣子就能略知了。

心理分析

這項研究很有意思，彷若是一種配偶與父母的映射理論。其實不只是相貌而已，連個性喜好都可能與自己父母相趨近。因為，與父母長期相處的耳濡目染，很容易將父母的相處模式當作「婚姻教材」，繼而內化成自己的婚姻生活想像，希望對方也能具備父母的某些正面特質。

這其中也可能產生的是互補的期待，例如父母缺乏的某些特質，也會希望在配偶身上找到。簡單說，無論是好與壞，都影響了擇偶的判斷。有句話說：「丈母娘看女婿，越看越有趣」，不知是否也與此現象相關，因為彷彿是看到了女兒與自己當年眼光的「所見略同」？自己也不妨觀察一下另一半，看是否也有實驗的印證性？

關於愛情

這個實驗有一點值得提出，那就是我們常說父母是每個孩子的第一個老師。但除了老師的角色以外，也是每位孩子的第一個觀察的異性對象。「榜樣效應」〈無論好壞〉就會成為擇偶時的比評參考，若榜樣良好，自然會期望另一半能有父母同樣的優點，至於外型的相似，或許是長期相處的夫妻漸漸地也會彼此潛移默化地模仿所致吧。

05 低頭思情郎

女人的暗示

前文曾經提到，眼神是判斷對方內心世界的透視鏡。有回演講時，一位男生舉手問我：「那如何從女人的眼神中，得知她對男方有好感呢？行為肢體語言應該也有類似的研究吧！」有的，心理學當然不會只針對單一性別發表結論。

很多男性其實也是很害羞含蓄，甚至愛面子甚於愛女子，自尊心太強，在女生沒有「明示」的情況下，自己就按兵不動。這時候的男性朋友，就要讀懂女人的「暗示」。尤其是來自眼神的訊息。

低頭思情郎

男生可能以為，女生若喜歡一個男生，一定是如古書所說，頻送秋波，睜著一雙大眼頻頻放電，在高電力情況下，將男生手到擒來，繩之為愛情俘虜。這或許也是一種女生示愛的方式，但這樣大方洋派的女生，在東方世界畢竟較為少見。東方女性倒是以比較含蓄的方式表達，那就是不由自主的低頭。

兩性的眼神交會，在心理學來說，就可能是情投意合的男女電光石火的示愛一刻。但是，若只是大剌剌地正常對看，那不過是一般的眼神交流，不具特別涵義、也沒有特別愛意。如果女方是以開心愉快的眼神看你，那也可能只是一時的心情愉快。

反而是與你交會時，不由自主地把頭低下，偶爾才瞄你一眼、或是偷偷看你，那就可能是帶有好感的徵兆了。畢竟東方女性的含蓄，儘管在時代開放下，仍有傳統的矜持，但反而成了示愛的證明之一。

關於愛情

你可能質疑地說：「時代不同，許多女性若喜愛對方，也會大方地回看男方呀。」是的，但是你若注意觀察看女生的眼神，再大方的女生，遇見心儀的男生，其眼神「大方」的程度，還是會收斂含蓄一些。肢體是很微妙的訊息戰，多觀察，會有不少有趣的體悟，也才不會錯過愛情的來臨。

06 三月Vs六月

表白順序

男女對示愛的時間與方式，都有差異。當然，儘管表達愛意的方式有很多種，而最常聽見又最直接表達的方式就是「我愛你」。然而，通常男女在說出這三個字時，是有先後順序的不同，男人往往是在追求女方的初期，女人則是內心完全接受男人時才會以此表達。

男人急性

男人在戀情剛開始時就急於表達，他的目的或許是只想盡快和女人有親密關係，女人等很久的一段時間才表示愛意，是因為她考量與顧慮的面向比較多。男人只要和女人發生親密關係後，熱情度就開始冷卻，有趣的是，此時感性下降，理性反而卻上升，會變得比較理性而會去思索考量；而女性或許考量的多，但往往禁不起男人在初期熱情的追求與甜言蜜語，所以在還沒考量清楚是否要接受此男人時，就與對方有了關係。

時間不同

美國麻省理工學院曾做一項研究發現，大部份的人都認為是女性先示愛於男性，因為女人在戀情初期因男性的熱情而受感動，並願意直接以身相許，因此推論是女人先示愛於男人的最佳證明。不過，當繼續深入研究後發現並非如此。女人在認識男人未深便以身相許，是因為沉醉在男人熱情攻勢而無法自拔，即使心裡還在猶豫對方是否可靠，但親密關係已經發生，所以這並不意味著女人先示愛的方式。

根據專家研究顯示，女人主動表達情意的時間是在戀情後的六個月，男人表達愛意的時間是在戀情後的三個月或更早，因為除了想發生親密關係外，就是怕夜長夢多又出現其他競爭者。

關於愛情

男女表白的順序雖有不同，但都是站在自己的目的做考量，很容易忽略對方對此的感受。然而，無論目的為何，至少都是必須真正愛對方為前提，不然愛情就淪為達到目的的一種手段，當目的達到了，感覺也就退卻，剩下的就是空虛的回憶，傷害了對方，也給自己情感的生命中留下遺憾。

07

憨鰹鳥的靈性

表白方法

有一種群居性鳥類稱為憨鰹鳥，當公鳥在求愛時，會送樹枝給母鳥，目的就是希望共築愛巢。想來有趣，公鳥的贈禮是以實用性為出發點，當求偶成功，送的禮物自己也同樣受益。然而對人類來說，要送對禮物可不是簡單的事情。

我的兒子在步入社會工作後，交了一位女朋友。我發現他經常思索著該如何經營維護這段感情。這引起我的好奇，我在想，什麼是贏取異性朋友好感的最好互動模式？兒子有時會和我討論，但是儘管有過感情的經驗，但自己卻沒有很好的建議。

女友生日時，兒子想到要送禮，買個禮物送對方表情意，卻不知女孩喜歡什麼，而且送禮的等級以及種類，不好捉摸，擔心是否送對禮物，反而不好開口表白。

後來我開始學習兩性心理，也試圖尋找這個問題的可能答案。有一回，找到了一份資料，發現英國專家已為此找到了好方法，那就是請女孩吃飯。吃飯是表白最好的方法與時機。就這麼簡單嗎？是的，很多疑問其實不難解決。

難得芳心

一般人普遍認為送禮是向女孩表達愛意最好的方式，科學家也並不完全否認此種方法，但是送禮就能打動芳心？什麼禮物送出手卻合情合理又不失禮呢？又該送多昂貴的禮物呢？是否女孩收了昂貴禮物就會動情呢？更令男性擔心的是，若開了先例，那以後每回的禮物費用能負荷得了？送的貴重，會否是反效果，反而對方誤會太奢侈，不懂得管理金錢，對男方的個性存疑，反而適得其反。倘若送的是平價禮物，上頭還打著七折優惠，又會否「禮輕情義輕」，讓女方感受不到情感的誠意呢？送禮確實是門大學問，容易過猶不及，且容易失禮。因此，科學家認為送禮物不是表白或求愛最好的方法，那怎樣的方法才是最好呢？

贏取芳心

依照科學家長時間模擬計算分析出結果，提出的建議是，請女孩吃飯才是最好的表白方式。找個高檔但花費又很親民的餐廳，吃飯的時間較長，能有餘裕好好互動溝通，遠優於送禮時的急於表達，反而容易緊張失言。此時你們對坐，心情也隨著邊吃邊聊的情形下慢慢放鬆，心情只要放鬆，向女孩表白是再恰當不過的時機了，而且會讓女孩點頭的機率遠勝過送禮的方式。

關於愛情

男生只要誠意邀請，女方多半樂意給男性一個共餐機會。這時的你正好是可以好好表現善意的時刻。邀請對方一起吃飯，雖然花錢卻也值得。記住，找個羅曼蒂克又有背景音樂的餐廳，這樣可以緩和自己內心的緊張，也能打破彼此的陌生，對於成功的機率會更高。當然，我將這個結論也提供兒子作參考，或許讓為人父母的我有了一次正面的建議機會。

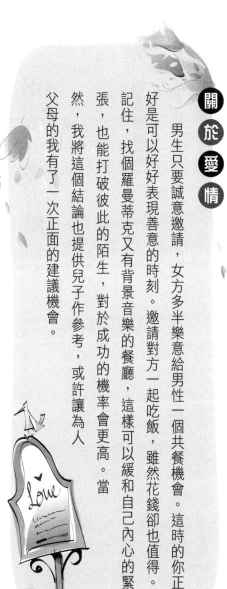

08 夫妻臉

相處與時間

人們常開玩笑的跟對方說：「在一起這麼久了，愈看愈有『夫妻臉』了。」其實這不只在恭維對方夫妻有多恩愛，而是確有研究證明。密西根大學心理學專家研究指出，夫妻相貌會變得非常相似確有其事，而且就算是異國戀，兩個不同種族的男女彼此戀愛結了婚，經過幾年之後的面相與神韻之相似度非常高。

動作與模仿

那麼是什麼原因造成夫妻臉的呢？科學家指出，夫妻因朝夕相處，對於對方的舉手投足與特殊動作或特殊表情都會感興趣，這還包括了語言聲調與用詞，甚至是口頭禪都會有意或無意地模仿。我的父母也是如此，他們兩個是不同世界的人卻能湊在一起，來自不同省份的兩個人，各有各的母語與濃重鄉音，但完全無礙於語言的溝通，這實在很有意思。特別的是，他們至今出門的穿著都打扮得很情侶，重要的是，連對小孩說教的口氣都非常相似。

其他的研究也顯示，男女在談戀愛時期，因彼此的個性相似而相愛，久而久之兩人的習慣，不管行住坐臥等肢體動作，都會因彼此感染而變得很相似。追根究柢，生物真的有很高的相互模仿性。

專家說法

你相信嗎？ＤＮＡ自己會找尋與它有相似度的ＤＮＡ之人做伴侶？科學家研究證實，雙胞胎在找尋他們的伴侶時，他們伴侶與伴侶之間的相似度也很高，尤其是同卵雙胞胎所選的伴侶，相似度更高。

關於愛情

　　有句話說：「不是一家人，不進一家門。」常用來指上下兩代的個性相似度，但「進了一家門，真像一家人〈外型習氣〉」，朝夕相處、耳濡目染，很難不彼此影響，這一個有趣的科學證明，道出了人的模仿天性。

　　重要在於，若是「愛」讓兩人的心融在一起了，就會用對方熟悉的表情、語言來傳達溝通，自然外表形象與語言就會感覺很相似。尤其，若你深愛另一半，另一半也會以你愛他的方式來愛你，彼此投契融合，感覺相近，時間久了，在別人的眼裡就會感覺你們超有夫妻臉了，這何嘗不是愛的證明呢？

09 照片的「五好十壞」

第一印象

遠距相親的第一步，多半是先寄彼此的照片，好讓對方先睹為快。毋庸置疑，照片是對方認識你外貌的第一印象。雖然男生是視覺動物，但女生其實也注重男方的外在。畢竟，每個人都希望自己的對象有著良好的形貌，未必是俊男美女，但健康順眼的形象總是印象的基礎。

我要介紹的是，社會心理學中，有所謂的「首因效應」，也稱為「最初效應」。指的是，我們給外界的總體印象中，第一印象所占的比例，會遠遠大於後來給別人的印象。

照片惹的禍

寫作時，剛好看到一則報導，提到台灣最大的竹科單身俱樂部，在一項針對五千八百張單身族會員相片做的有趣統計。統計發現許多單身族在見面前，都會要求對方或是透過第三者，先E〈寄〉張生活照片，再決定是否與對方見面。這情況在網路交友也不惶多讓，儘管已經相談甚歡、互有好感。但真要見面，還是會要求對方先寄張照片。是的，若照片寄出，對方卻遲遲沒有回應，別懷疑，那可能是「照片惹的禍」。那擺明的事實是，對方的熱度已經近乎熄滅。照片的好壞，確實關係重大。

五好十壞

倘若照片如此重要，那就得理解什麼照片相對討好？新聞提到，統計數字中顯示，要先吸引異性，拍照片還是有五大重點，另外也有十大敗筆。這些優缺點都值得寄照片時思索一番。最容易予人好感，替自己帶來愛情運的照片是：獨照的照片、明亮有笑容、清楚看到五官、真實不誇飾偽裝的照片、大自然的背景〈如花海或綠色植物較佳〉、本人佔照片比例為三分之二或是二分之一的照片，以上的作法都有不錯的效果。

那該避免的是什麼呢？那就是，照片光線昏暗、模糊不清、一臉苦瓜表情、人的比例太小、戴墨鏡、雙手抱胸面露凶光、與他人合照、背景太亂、穿厚重外套、穿暗色衣服，以及太美的藝術沙龍照，都是難留下好印象的照片忌諱。

關於愛情

當然，照片的好壞未必和找尋另一半有絕對的關連，但是第一印象就等於第一機會。若欠缺了第一次的機會，首因效應做的不好，那麼再好的內在美也不會被發掘了。

10

色令智昏

理財實驗

自古英雄難過美人關，無數的歷史故事印證了這一亙古的公論。無怪乎很多女性都認為男性只會用下半身思考，也就是動情激素過盛。彷佛只要美女當前，就會神魂顛倒。但男人真的會因美色誘惑而失去理智嗎？科學家以理財遊戲做實驗，為我們證實了答案。研究人員找來十多位男士當受測者，其內容為理財投資，再請來一男一女的理財專員，將這一群男士們分別由男專員與女專員來接待，見面禮儀分成三式，微笑寒暄、握手致意或觸摸肩膀。

理性誘惑

於是實驗開始了，專員們就開始為他們分析當前投資資訊，剛開始就是微笑寒暄，讓專員做簡單的自我介紹，再來就是專員會與受測者握手表示友善的歡迎之意，接著專員就開始講解投資內容。而當受測男士們要開始選擇投資標的時，專員為了取得受測者信任，在說話的語氣上除了以一種想要和受測者搏感情的意味，也不時地會觸拍受測者的肩膀，是希望讓受測者放心之意。這個實驗都是在一對一的情形下做的，也就是一個專員與一個受測者的談話。

結果顯示，由男性專員接待的投資玩家，無論專員如何自然地將三個動作做完，都不致影響受測者謹慎投資的思考；相對地，由女性專員面對的受測者卻因那三個動作而失去理智，傾向大膽的往高風險的投資理財方式下手。當然剛開始女專員的微笑寒暄，讓受測男性表情有些害羞，之後的握手舉措，則讓男士有些意亂情迷了，緊接的是搏感情表誠意的觸摸肩膀動作，這時男士們已失去謹慎思考投資的能力了，結果就是，往高風險的投資下注了。這或許可以解釋，為什麼賭場常由女性擔任荷官的原因了。

專家觀點

心理學家則提出另一種解釋，人在小時候，不論是由爸爸一手扶養，或媽媽一手扶養，還是爸媽一起扶養，在小孩的人格中，都會有一定的戀母傾向，這種傾向在成長階段被壓抑隱藏在潛意識中，到了成熟時的男孩因青春期生理的變化，加上潛意識戀母的因素，以至於對女性有時會有難以克制的反應。

關於愛情

心理學實驗早已證明，美女形象具有輕易激發男性大腦快樂中樞的能力，讓男性興奮，相貌平庸的女性則無法如此。所以，男性常以為理智的自己不至於陷入誘惑的陷阱，但事到臨頭，卻往往把持不住自己。男人不要對自己的心理抗力太有自信，每個人在情感上可能都會經不起誘惑，誘惑的程度雖有別，但都可能用「賭一把」的心態去接受或許不該有的另一段情感。突然間，美女當前，容易失去理智，但就如投資一樣，未曾評估風險與後果的賭注，都可能造成嚴重的虧損。

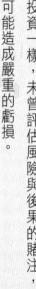

11

戀愛的顏色

顏色喜好差異

如果要為心愛的對象挑件衣服，那麼除了款式以外，該選什麼顏色呢？這問題可讓不少男女傷過腦筋。顏色千百種，但若知道對方較能接受的顏色，那倒是不錯的「戀愛知識」。有研究報告說，男女偏好的顏色可能與基因有關。

報告上提到男性天生就偏愛藍色，女性則愛粉紫色。或許我們的常識裡認為男性開朗大方，所以喜歡如遼闊天空的藍色，女性愛漂亮喜歡溫馨夢幻感，所以喜歡粉紫色。研究認為，這與基因有關。研究人員找來二百位男女青年做了一項實驗，實驗內容除了知道男女喜歡的顏色外，還要探討為什麼男女天生就喜歡這兩種顏色。

藍色與粉色

研究人員先將幾千組的顏色顯示於電腦螢幕上，請每位受測者從每組顏色裡挑出自己喜歡的顏色。結果出爐了，男性在每組顏色中所選的以藍色居多，包括深淺不同的各種藍色系；女性則選粉紫色居多，同樣也包括各種粉紫色系，無論深淺程度。當然，也有男女所喜歡的顏色正好對調。

追溯遠古

研究小組同樣追本溯源，從古代尋找根因。研究認為，女性在遠古時代負責採收蔬果，以上面的顏色分辨出此蔬果是否成熟，鮮紅的果實就代表可以食用了，而粉紅還能用來當作家人健康程度的指標，只要看見家人臉面紅潤有血色，就表示家人很健康。而這也隱隱成為女性挑選健康伴侶時的一種判斷。

男性喜愛藍色，確實與一般認知的原因一樣，是因為藍色代表萬里晴空的好天氣，只有在這樣的天氣可以外出狩獵。在情緒上它還代表著心胸開闊之意。

關於愛情

若藍色代表藍天，那粉色就代表天真活潑的心靈，無論你喜歡哪種顏色，都需要其他顏色來陪襯，這樣才能襯托出那種顏色的美，世上有了嬌柔的女人，也要有開闊胸襟的男人作陪，這樣才是兩性的彼此襯托。還在為你的對象選衣服的顏色煩惱嗎？這篇研究的說法不妨試用看看。

12

甜蜜鬥嘴的藝術

你來我往

很多夫妻吵架是越吵越兇，弄到後來無法收拾局面，若有方法能使夫妻在吵架中解決問題又能了解彼此對此事的衝突及感受，這樣的吵架反而能增進夫妻之間的關係。確實，很多人怕吵架，因為那會製造對立、產生傷痕，讓感情逐漸流失。於是很多男女寧可噤不作聲，相忍為愛。

但其實，吵架是一種溝通，只要不是很嚴重的大吵，拌拌嘴反而對感情有極佳的增溫效果。有一種情境，你一定不陌生，當男人在說出一番道理之時，女人總是會有意無意的在旁邊潑冷水。當女人訴說著自己幻想之事時，男人也會在女人身邊漏她的氣。可別以為，這就是相處不睦的前兆。

根據美國心理學家的調查，男女在戀愛過程中，會將鬥嘴視為增進親密感的行為，所以不致因此造成負面的心理效果。

一搭一唱

若將鬥嘴視為能增進良好關係的活動的話，前提是，因鬥嘴而說出的言語內容必須不傷害到對方。心理學家認為，男人在面對自己所心儀的女人時，若用一種玩笑輕鬆的心情與女人鬥嘴，這樣不只能使兩人的心情愉快，還能使這樣的話題繼續下去，更能使話鋒千變萬化，來達到了解對方想法的目的。所以這時的鬥嘴是一種示好與示愛。

關於愛情

情侶或夫妻不時會鬥嘴，但有些人越鬥嘴感情越甜蜜，有些人是越鬥火氣卻越大。其實我們都不乏一種經驗，就是和他人吵架時，突然雙方聽到了某一個點、或是因為彼此的某個反應，結果兩人都笑出聲來，原本的火爆氣氛立即為之降溫。

這說明了，爭執的兩方絕對沒有不能妥協的死結，看似嚴重的紛爭，其中其實都蘊含了放下與和解的因子，只要找到因子，爭執就可消弭了。懂得爭吵藝術的人，會善用鬥嘴的技巧，亦即用一句幽默的話來表達你反對對方的想法，且要對事不對人，不要口無遮攔的罵對方或指證對方的不是，這樣既不傷和氣也達到了反對的效果，甚至兩人的感情因為爭執而更深一層，這就是因為深化了對彼此的理解與體認。

13 最好的吵架，最真的溝通

博士觀點

有人說，沒有不吵架的夫妻。朝夕相處很難完全沒有摩擦。的確，夫妻或情侶在某件事的想法上出現了分歧，為了捍衛自己的想法，起初只是相互辯解對此事的看法，最後演變成吵架模糊了問題的焦點。丹佛大學心理學教授霍華德．馬克曼博士是研究夫妻吵架的權威，馬克曼研究夫妻吵架長達三十年。他的心得是，夫妻吵架只要拿捏得當，不要模糊當初為了什麼事而吵架，也就是「就事論事」，這樣就可以遏止激烈且無謂橫生枝節的吵架，也能解決兩人的問題，讓彼此的感情反而增溫。

吵架話題

夫妻吵架的原因多半是家庭經濟因素與孩子教養等問題，當然還有一些奇奇怪怪的話題也能讓夫妻吵翻天。往往，只要想法分歧就開始爭執，而此時就像拉開引信，因為只要吵起來，往往就不會單單為了一件事而吵，還加上對生活上的苦悶、家庭的經濟壓力、工作上的無奈，這五味雜陳的多種情緒，全部會在吵架裡爆發出來，像炸彈般全力引爆。

即若當下有一方已警覺到氣氛的嚴重，卻也很難挽回局面了。誠如馬克曼博士說：「你可以生氣對方不瞭解你，但還是要冷靜的盡力去溝通，不要只會謾罵對方的不是，這樣問題才能慢慢解決。」當從原本就事論事的理性爭辯，轉為情緒爆發的對峙時，情勢就一發不可收拾了。

即時溝通

喬治亞大學行為研究專家珍妮佛．珊玻〈Jennifer Samp〉表示，夫妻爭吵最要不得的就是冷戰，因為冷戰並不是讓彼此冷靜下來思考，而是在蘊釀下一個更嚴重的驚爆點，冷戰就是斷絕可以溝通的一切機會，隨著時間的過去，兩人互相猜疑的心越來越重，莫名的恨意自行滋長，只要有一方有意無意的擦槍走火，就會釀成更甚前次的爭吵，甚至因情緒失控動手，釀成不可彌補的傷痕。所以當夫妻一有爭執時應當冷靜的即時面對面溝通，這樣才不會讓負面的情緒升高，更能解決爭執的問題。

最好的吵架

最好的解決夫妻糾紛的方法，就是表達與傾聽的技巧，雙方有了爭執後，應該坐下來討論爭執點，並設定時間為十五分鐘的限制。兩人可以互相決定誰先發言，發言人必須簡潔清楚說出自己的想法與立場。這時另一方只能靜靜的傾聽發言人所說的每一句話，當發言人說完後，傾聽者還需重複說一次剛剛發言者所說的每句話，並能很清楚的理解對方所要表達的意思，然後兩人互換角色，重複剛剛所做的方式。或許這不能馬上解決問題，但卻可以充分溝通，讓對方了解自己的心意，慢慢的將問題解決。這也是馬克曼博士研究出來的方法。

我想起自己讀過的一本書上面提到，英文造字很有趣，Silent〈靜默〉和Listen〈傾聽〉，這兩個英文單字的字母一模一樣，只是排列組合不同。意味著，或許當初造字時，就是想提醒後人，要傾聽時，必先靜默，兩者其實是一體兩面。

關於愛情

吵架最難收場的情況是一時氣憤口無遮攔的重傷對方，吵架的訴求是希望對方能瞭解並尊重自己的想法，但這往往都事與願違，能夠坐下來溝通是最好的方式，當另一方開始不夠冷靜時就必須想辦法讓對方冷靜下來，這樣才能達到想要訴求的目的。**架吵的好，有時候反而將埋在彼此心裡的話，讓對方知道，這有時反而是最好的吵架，因為成了最好的理解與溝通。**

而關鍵是，千萬不要以為兩人的感情基礎深厚，因此吵架也不過是據理力爭，事過境遷絕不傷害感情的。或許，良性的理性吵架絕對可能反而增進了解，但是惡性且不尊重對方顏面的吵架，只會讓裂痕加深、感情變淡了。相處的藝術與技巧，是每對男女的相處必修課程。

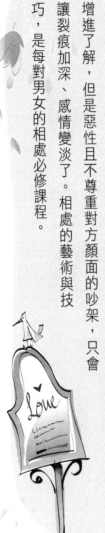

一段成功的婚姻需要陷入戀愛很多次，
並且要一直和同一個人。

14 愛情，不隨便

冷凍字眼

你常用「隨便」回答別人嗎？若伴侶喜歡用隨便來回應，你會做何反應？根據研究調查發現，絕大多數的人都很討厭用「隨便」二字的人，因為搞不清楚這樣的回應是什麼意思，更有一種把別人的熱情瞬間冷凍的煞風景感，但人人都反感的字眼，卻是人人不自覺地，無時無刻都在使用。

四種含義

在英語詞彙裡，「whatever」有「隨便、無所謂、都可以」的意思，而心理學家認為，「隨便」二字在人際關係上分為四種意思：

1.「**尊重**」：我願意尊重對方一切的決定，並不表示意見。

2.「逃避」：我們已經無話可說，我不想再跟你爭辯下去，隨你愛怎樣就怎樣吧！

3.「無奈」：既然對方這樣決定了，還能說什麼呢？我也很無奈呀！

4.「敷衍」：好了！知道你的意思啦！但是到後來卻又去問對方什麼意思。

但多數的隨便，尤其是在相處關係密切的彼此之間，最後都會成為隨口而出的冷漠用語，而最需保溫的愛情絕對是經不起冷言冷語的。

氣氛殺手

隨便，有時乍看好像是「隨和」的表現，但負面的意涵往往更強烈。比方說，當老婆滿懷熱情地問，「你明天想吃什麼？」你頭也沒抬地答：「隨便啦！」她再追問說：「明天是聖誕節，訂個情人大餐慶祝一下吧！」你的頭仍在定點不動地回答：「都可以啦！你看著辦就好！」問了等於沒問的感覺，簡單的字眼就成了氣氛的殺手。

在與別人論理時，我們也不經意地丟出「隨便」兩個字，予人蠻不在乎，不再尊重或重視的感受了。聽到這兩個字，真有一種把一切後果都丟給你，而對方卻冷冷的置之度外的感覺。

如影隨形

「隨便」二字一直離不開人群的主因是，現在人各執己見的想法越來越重，為避免言語衝突，寧可用逃避棄權的極端方式來面對，這兩個字就會脫口而出。而這兩個字同樣在兩性心理學上，有著莫大的作用力。也許你會強辯說，這是隨和的意思，不想造成對方困擾。但只要想想，若你的伴侶老是以這兩個字回應你，會是什麼感受？久而久之，是否連詢問的動力都沒有了？

「我本將心向明月，奈何明月照溝渠」，這句話說的就是落花有意而流水無情，任何一方的不領情，都是感情不睦的最大敗因。

這讓筆者想起一段愛情劇。有一對情侶，女孩總喜歡以隨便二字來回她男友所問的事情，比如男孩問：「想喝果汁嗎？」，女孩回答：「隨便！」。男孩問：「想吃冰淇淋嗎？」，女孩又回：「隨便！」，一直到有一天，男孩很漠然的說：「我們分手吧？」，女孩卻心不在焉的回了一句：「隨便！」。看似笑話，但隨便慣了，不以為意久了，問題就來了。

不要小看這兩個字，「相處是細節的關注」，有回聽演講時，一位演講者這麼說：「或許你真是隨和的人，但愛情的相處，與任何的日常事務一樣，都要有想法，不必擔心對方覺得自己意見真多，勇於表達自己的觀點，才會是真正的『愛情方便』法門。」別揮霍愛情，注意隨便兩個字的出現情境，那會是很重要的相處指標。

15

陽光與北風

清爽男性

如果你是女性，什麼樣的男性能吸引你的注意力？如果你是男性，你會用什麼樣的形象去吸引女性目光？當然不同的特質有不同的魅力，但有一點是公認、且廣為女性接受的優點，根據英國的一項研究顯示，越是陽光型的男人就越能吸引女性，比如清爽乾淨、活力熱情、有自信，給人一種輕鬆自若的美好感覺。

研究對象

研究人員分別找來一群二十三歲左右的大學年輕男女，但並不讓雙方見面，男女雙方各被安置在兩個獨立空間，但只告訴男性們要幫他們做男女交往的配對。這時獨立空間裡的男性反應，有些已開始緊張，有些則是與他人聊天笑笑鬧鬧，反應不一而足。

女性觀感

於是研究人員就用拍立得相機幫受測男性逐一拍照，並把這些捕捉瞬間表情的照片，拿給另一群女性觀看，結果顯示，女性對表情僵硬或容易緊張的男性較提不起興趣。相反的，對輕鬆自若的男性則感興趣。每個人的體內都有一種叫 Cortisol 皮質醇的賀爾蒙，當人們開始緊張或有壓力時，體內的 Cortisol 皮質醇就會被釋放出來，壓力愈大，釋放的就愈多。而壓力往往造成表情緊張，易顯得信心不足。

關於愛情

若你是一個看到自己心儀的女孩便會緊張害羞的男性，不妨約對方去個有音樂又能坐下來的地方，讓音樂緩和你緊張的心情，並且多展現陽光般的笑容，對方也會因此放下陌生的感覺與你侃侃而談。

在兩性的相處裡，男性扮演的是氣氛掌握的主導角色，一個能將氣氛處理的融洽、輕鬆，且笑聲不斷的男性，絕對會是女性肯定的對象。反之，若男生的出現反而將氣氛如冷空氣般凝結，不自在的女性立刻就想逃之夭夭，棄你而去了。北風和陽光的寓言故事，每個人都聽過，冷冽的北風只會讓人低頭瑟縮，將自己包紮得越緊越好，只有和煦的暖陽才會讓人眉目舒展、表情輕鬆，心裡閒適，愛情如陽光，好的氣氛才會是愛情滋生的溫床。

16

損人不利己

情緒影響

你知道夫妻吵架會讓身體變遲鈍嗎？每當吵一次架要用多少時間才能恢復身體機能？就讓專家來告訴你吵架的風險與傷害吧。

復原時間

夫妻為事情起了口角，互相謾罵，越罵越激烈，導致身體裡的免疫細胞因子增加，所以有個說法是：只要爭吵半小時，就得花上一天的時間來恢復身體反應機能，對於經常吵架的夫妻而言則需要花上更長的時間才能恢復，而免疫細胞因子若長時間居高不下，會有後遺症的產生，輕者會出現關節疼痛與糖尿病的病症，嚴重者甚至會導致心臟麻痺或致癌的可能。

為了證實吵架對身體機能的影響力，俄亥俄州立大學研究人員做過一項實驗，他們在已婚夫妻的手臂上打了一個洞，並裝上能夠排氣的測量儀器，其目的是在測量傷口的癒合速度，當夫妻被問到關於兩人爭吵的問題時，夫妻手臂上的傷口康復速度遠比平常的復原速度慢了百分之四十，所以健康專家總說，不要心中留著怒氣，那是非常不健康的。健康專家的說法呼應了《聖經》以弗所書四章26～27節的金句：「生氣卻不要犯罪；不可含怒到日落，也不可給魔鬼留地步。」聖經告訴我們的是：「今日發怒今日畢。」

愛的妙用

但相對地，另一項研究則說的是：當男女在熱戀時期，神經細胞生長因子會在體內急速增加，這會刺激新的腦細胞生長，它會讓記憶力增強許多，因為愛與被愛的好感覺得到了滿足，會使人產生異常的鎮定，一旦熱戀時期一過，身體與思考能力又會回到平常的水準。這是義大利帕維亞大學研究人員所發現的。從這兩項實驗證明了：心理是如何地深切影響了生理。

怒火九重天

吵架或口角引起的負面情緒很多種，比如嫉妒吃醋，這種心態是在男女情感中最容易發生的，也是讓人難以忍受的痛苦。當發現你的另一半和其他異性有說有笑時，你會下意識的認定那個人就是自己的情敵，此時的你已經是妒火中燒，就算自我壓抑克制的你，在另一半面前表現得很自然，但氣燄已經讓自己神經緊繃，這時你的血壓可能開始飆高，精神焦慮，免疫力減弱，吃不好也睡不好，這些都清楚地說明負面情緒帶給身體的負能量有多大。

關於愛情

打是情、罵是愛，夫妻偶爾鬥鬥嘴是互相溝通，感情反而加溫，但若是形成吵架常態或習慣就不妙了，不只讓人失去理智，口無遮攔的言語也傷了對方，破壞了多年來彼此建立的感情基礎。其實吵架是可以控制的，古有明訓，一個巴掌拍不響，只要有一方能自制，架就吵不起來了，既然是共同生活的伴侶，和顏悅色的理性溝通遠優於大動肝火的爭辯，心理影響生理，聰明的人盡量不吵架，因為他們深知那是損人又不利己的愚蠢愛情行為。

17 愛情的化學元素

故事引述

無論哪個國家的情人節由來，都有一段如同神話般的淒美愛情故事，但一段故事的形成總有固定的架構，比如，故事發生的時間、背景、人物、當時場景，這些都是形成故事的要素，將這些要素串連起來，故事的內容便會照著這些要素開始形成，那愛情的形成是否也有固定的「配方」呢？心理學家已為我們找到形成愛情的六種要素。

1.【拉近彼此】

從第一次的接觸與眼神交會時，他讓你心動了，心裡想著我該怎麼認識他？你會小心翼翼的打聽他的消息，你會刻意出現在他常去的地方，並故做巧合與他碰面，還會跟他解釋著自己也常到這個地方來逛逛，目的就是要拉近彼此的距離。近水樓台先得月，是有其道理的。

2.【裝扮耍帥】

佛要金裝、人要衣裝，戀愛中的男女最常做的就是把自己裝扮得美美的、帥帥的，除了給自己的自信心加分外，就是要增加自己給對方的吸引力，從外表的整體美看見內在的用心。

3.【引誘對方】

每個人都喜歡自己是受到大家歡迎的人，即使並不如此，也不願受到大家的厭惡。當你面對你的情人時，你會如何讓對方更喜歡自己呢？自己做一份小點心送他；親手織一件毛衣給他，或偶爾買個精緻小禮物給他驚喜，又或者每天打一通電話問候他，看似平常不過的「小惠」，可都是討好對方的重要因素，尤其是在戀愛初期，都會是打動芳心的絕佳武器。

4.【個性相近】

相似之處多的男女，最容易一拍即合，彼此間的說話投機、無事不說的互動，更容易在雙方之間形成默契。當找尋另一半時，往往比較容易去選彼此有默契、談得來的、價值觀與自己相同的人，因為可以快速找到話題，拉近距離。就算這之中有不相似之處，你也會盡量改變自己，來提高與對方的相似度，這是因為很喜歡對方的緣故。相似與相近，會使自己產生物以類聚的親近感受。

5.【越壓彈越高】

當愛情遇到阻礙時，我們會想盡一切辦法排除它，即使不能排除，也會做好與它長期抗戰的準備。

想想看，當你的父母反對你們之間交往時，你們就會越想在一起，此時你們情感的凝聚力會越強烈。有人形容愛情像皮球，越打壓就反彈越高，正是這樣的道理。

6.【品性準則】

當選擇伴侶時，一定會注意對方的人品、性情、生活是否正常，若將來結合在一起了，是不是個會顧家的人？會愛自己一輩子嗎？會對自己的家人也一視同仁嗎？你會以此來做選擇伴侶的標準，沒錯，好人，也是晉升情人的重要條件。

關於愛情

看完了以上六點，是否對自己的愛情觀有了更深一層的體悟呢？至少它讓你不會再盲目的追求愛情，反而會在追求愛情時提供方向，讓自己在編織愛的故事時，能有愛情劇本，從而演出美麗的愛情喜劇。

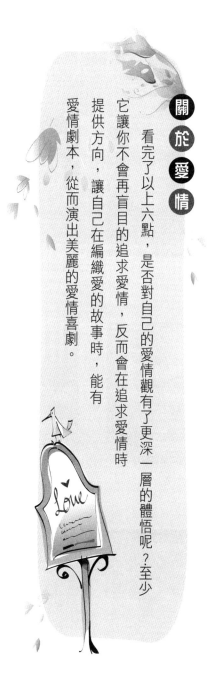

健康養生小百科好書推薦

圖解特效養生36大穴
NT：300（附DVD）

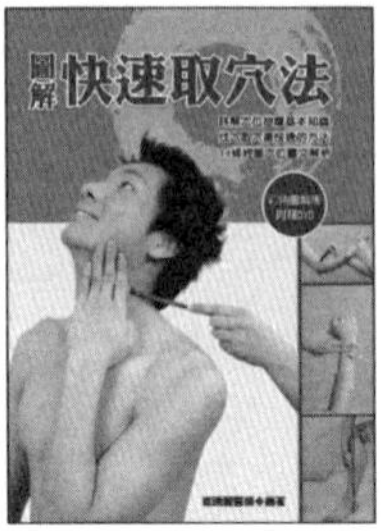

圖解快速取穴法
NT：300（附DVD）

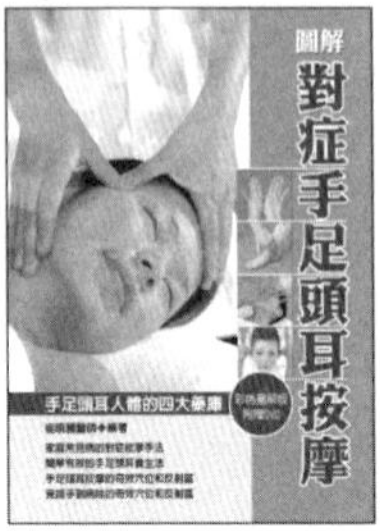

圖解對症手足頭耳按摩
NT：300（附DVD）

圖解刮痧拔罐艾灸
養生療法
NT：300（附DVD）

一味中藥補養全家
NT：280

本草綱目食物養生圖鑑
NT：300

選對中藥養好身
NT：300

餐桌上的抗癌食品
NT：280

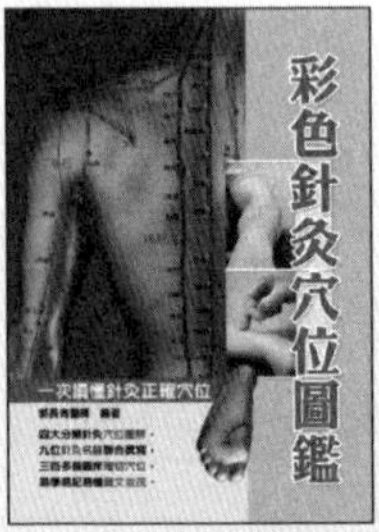

彩色針灸穴位圖鑑
NT：280

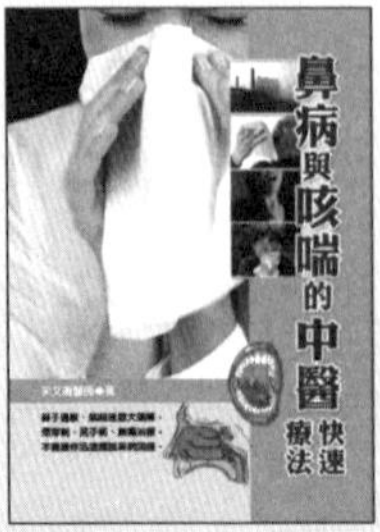

鼻病與咳喘的中醫
快速療法
NT：300

拍拍打打養五臟
NT：300

五色食物養五臟
NT：280

華志文化嚴選　必屬佳作

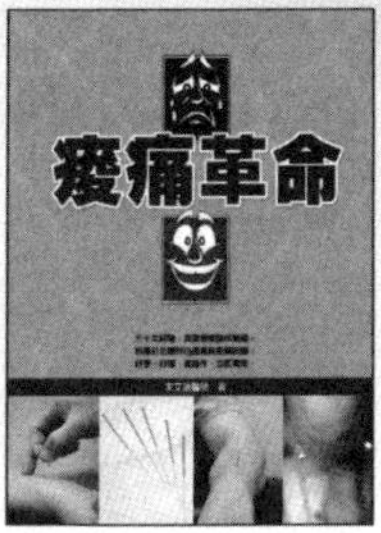

痠痛革命
NT：300

你不可不知的防癌抗癌100招
NT：300

自我免疫系統是身體最好的醫院
NT：270

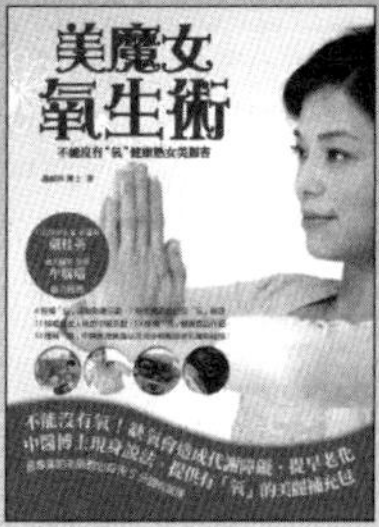

美魔女氧生術
NT：280

你不可不知的增強免疫力100招
NT：280

節炎康復指南
NT：270

名醫教您：
生了癌怎麼吃最有效
NT：260

你不可不知的對抗疲勞100招
NT：280

食得安心：專家教您什麼可以自在地吃
NT：260

你不可不知的指壓按摩100招
NT：280

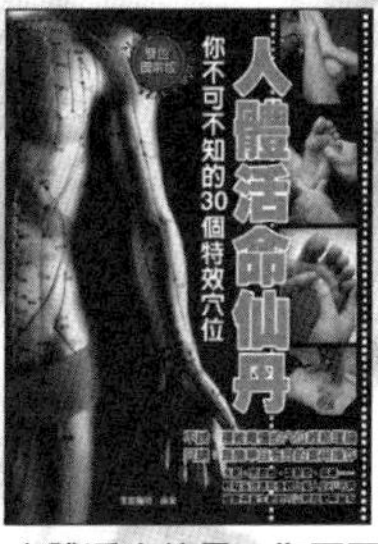

人體活命仙丹：你不可不知的30個特效穴位
NT：280

嚴選藥方：男女老少全家兼顧的療癒奇蹟驗方
NT：280

國家圖書館出版品預行編目資料

給予一種真愛：兩個孤獨，一對寂寞 / 季璐作.
-- 初版. -- 新北市： 華志文化, 2015.01
面； 公分. --（全方位心理叢書；6）

ISBN 978-986-5636-04-3（平裝）

1. 成人心理學 2. 兩性關係

173.3 103024346

華志文化事業有限公司
系列／全方位心理叢書 006
書名／給予一種真愛：兩個孤獨一對寂寞

作者 季璐
執行編輯 林雅婷
美術編輯 簡郁婷
封面設計 黃雲華
文字校對 陳麗鳳
企劃執行 康敏才
總編輯 黃志中
社長 楊凱翔
出版者 華志文化事業有限公司
電子信箱 huachihbook@yahoo.com.tw
地址 116台北市文山區興隆路四段九十六巷三弄六號四樓
電話 02-22341779
印製排版 辰皓國際出版製作有限公司

總經銷商 旭昇圖書有限公司
地址 235新北市中和區中山路二段三五二號二樓
電話 02-22451480
傳真 02-22451479
郵政劃撥 戶名：旭昇圖書有限公司（帳號：12935041）

出版日期 西元二〇一五年一月初版第一刷
售價 二六〇元

華志文化

華志文化

華志文化

華志文化